별첨 | 꿈과 적성을 찾아가는 초중고

초·중·고를 위한
스스로 3D 프린터 만들기

이해찬 씀

초·중·고를 위한 스스로 3D 프린터 만들기

초판발행일	2016년 10월 20일
지 은 이	이해찬 (서라벌 중학교 3학년)
발 행 처	도서출판 겨자씨
연 락 처	010-4523-3608
I S B N	979-11-959060-0-0
가 격	15,000원

www.facebook.com/3D Printer Youngs

목 차

I. 3D 프린터 없이는 살 수 없다

1. 3D 프린터가 바꾸어 놓은 일상 · · · · · · · · · · · 10
2. 3D 프린터로 무엇을 만들 수 있는가? · · · · · · · · 14
3. 3D 프린터란 무엇인가
   - 제 3의 산업혁명 · · · · · · · · · · · · · · · · · 46
   - 3D 프린터의 역사 · · · · · · · · · · · · · · · · 47
   - 3D 프린터의 기본 원리와 작동 순서 · · · · · · · 48
   - 전통적인 제조 방법과 3D 프린팅 비교 · · · · · · 49
   - 3D 프린터의 장점 · · · · · · · · · · · · · · · · 51

II. 3D 프린터 오픈소스

1. 3D 프린터의 특허종료료 · · · · · · · · · · · · · · 56
2. 아두이노 · 57
3. 싱기버스 · 60
4. 본크리에이션 · 61
5. 크라우드소싱 · 62

III. 3D 프린터의 구조 이해하기

1. 3D 프린터에 사용되는 재료의 종류
   1) 폴리머 · 66
   2) 금속 · 68
   3) 종이 · 69
   4) 식재료 · 70
   5) 기타 · 71

2. 3D 프린터의 적층방식 종류
　1) 압 출 방 식 ·················· 72
　2) 분 사 방 식 ·················· 74
　3) 광 경 화 방 식 ················ 75
　4) 분말 소결 방식 ················ 76
　5) 직접 레이저 소결 방식 ············ 77

3. 3D 프린터의 종류 및 원리
　1) FDM(Fused Deposition Modeling) ······· 78
　2) SLA(Stereolihtograph Apparatus) ······· 81
　3) SLS(Selective Laser Sintering) ········ 82
　4) polyjet ··················· 83

4. 3D 프린터의 부품(FDM)
　1) 압출기 ···················· 87
　2) 스텝모터 ··················· 89
　3) 전자제어 장치 ················· 91
　4) 본체 프레임 부분 ··············· 95

Ⅳ. 3D 프린터 만들기

Prusa mendel i3 Lion 만들기

1. 만들기 순서 ··················· 106
2. 필요한 공구 ··················· 107
3. 만들기
　1) 아크릴 몸체 프레임과 압출기 고정틀 조립하기 ···· 108
　2) Y축 구동부 조립하기 ············· 112
　3) 이동부품 (X-Carriage) 조립하기 ······· 115
　4) 스텝모터에 Couple과 GT2 P 연결하기 ····· 116
　5) 열판(히팅베드) 부분 조립하기 ········· 117
　6) 엔드스위치 조립하기(Y축) ··········· 124
　7) X, Z축 구동부 조립하기 ············ 125
　8) Y축 구동부와 몸체 조립하기 ·········· 132
　9) LCD 컨트롤러와 LED 부착하기 ········ 134
　10) Z축, X축 엔드스위치 조립하기 ········ 136
　11) 압출기와 홀더 조립하기 ············ 139
　12) 메인보드(아두이노), 전자장치 연결 ······· 140

V 3D 모델링과 프로그램 설치

1. 프로그램 설치하기
    1) 123D DESIGN 설치하기 · · · · · · · 150
    2) CURA 설치하기 · · · · · · · 153
2. 모델링 하기
    1) 3D 모델링 · · · · · · · 159
    2) 3D 스캐닝 · · · · · · · 166

VI 3D 프린트 하기

1. 출력하고 싶은 stl 파일 준비 – 싱기버스 · · · · · · · 170
2. cura, slic 3R등으로 Gcode 변환 – 큐라 · · · · · · · 171
3. 출력하기 · · · · · · · 171
    - 응용1 : 출력물에 색칠하기 · · · · · · · 177
    - 응용2 : 주물로 보석만들기 · · · · · · · 178
    - 응용3 : 기념품 만들기 · · · · · · · 179
* 참석한 전시회와 강의들 · · · · · · · 180

별첨 꿈과 적성을 찾아가는 초중고

1. 스스로 공부하기 · · · · · · · 186
2. 하고 싶은 것을 해봐야 한다 · · · · · · · 190
3. 만들고 싶은 것을 스스로 만들기 · · · · · · · 196
    - 어항만들기
    - 대장간체험
    - 행글라이더
    - 태양광충전기
    - 날개없는 선풍기
    - 파쿠르
    - 드론
    - 책쓰기

I. 3D 프린터 없이는 살 수 없다

1. 3D 프린터가 바꾸어 놓은 일상
2. 3D 프린터로 무엇을 만들 수 있는가?
3. 3D 프린터란 무엇인가
- 제 3의 산업혁명
- 3D 프린터의 역사
- 3D 프린터의 기본 원리와 작동 순서
- 전통적인 제조 방법과 3D 프린팅 비교
- 3D 프린터의 장점

Ⅰ-1. 3D 프린터가 바꾸어 놓은 일상

곧 3D 프린터가 지금의 스마트폰처럼 대중화가 될 것이다.

2015년 11월 20일 날씨 : 맑음

몇 일전 수업시간에 3D 프린터로 인쇄한 알람시계가 울려 일어나보니 엄마가 아침밥으로 시리얼을 인쇄하고 계셨다.

"오늘은 네가 좋아하는 딸기 맛의 별모양 시리얼이다. 빨리 먹고 학교에 가야지."

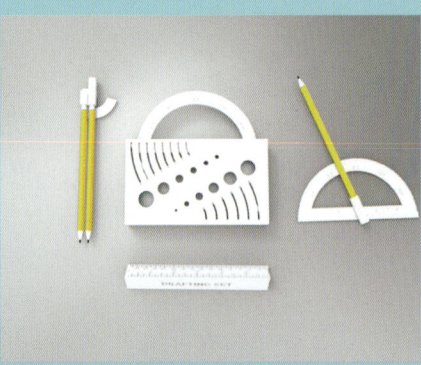

나는 아침밥을 먹다가, 수업준비물로 컴퍼스와 자를 가져가야 한다는 것을 기억하고 3D 프린터로 뽑았다.

I-1 3D 프린터가 바꾸어 놓은 일상

오늘은 1교시가 3D 모델링수업이었다. 3D 프린터가 집집마다 생긴 지금은 직업이 많이 사라지고 3D 프린터관련 직업이 생겼다. 생긴 직업 중에 컴퓨터로 하는 3D 프린터 모델링, 디자인이 중요해져 지금은 학교 과목에 모델링과 디자인과목이 생겼다.

기다리던 점심시간이 오고 친구들과 점심을 빨리 먹고 교실로 돌아왔다. 점심시간이 많이 남아서 나는 친구들과 파쿠르*를 했다. 점프, 볼트, 클라임 등을 더 안정적으로 하기위해서 내 발에 딱 맞게 인체공학적으로 모델링하고 3D 프린터로 인쇄한 신발을 신었다.

파쿠르를 하는 도중 배가 아파서 양호실에 가서 배탈 약을 3D 프린터로 뽑았다.

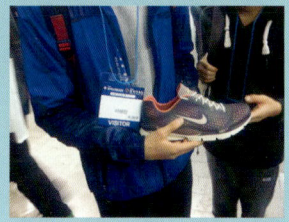

I. 3D 프린터없이는 살 수 없다

학교가 끝나고 쿠르져 보드를 타며 스마트폰을 보며오다가 앞에서 빨리 달리는 자전거를 보지 못해 부딪혔다. 일어나 보니 스마트폰 액정의 부분과 안경 한 가운데가 부러져있었다.

나는 집에 도착하자마자 USB에 저장해 둔 내 안경테 파일을 3D 프린터에 꽂아 바로 안경테를 바꾸었다. 그리고 또다시 스마트폰 액정이 깨지지 않게 스마트폰 젤리케이스를 3D 프린터로 인쇄했다.

형은 몇일전 유투브에서 멋지게 기타치는 남자의 영상을 보고 기타에 빠지게되어 3D 프린터로 클래식 기타를 출력해 오늘도 연습중이다.

엄마는 인터넷에서 맘에 드는 소파를 보시고는 결재를 하시고 디자인 파일을 받아 출력한 후 거실에 두셨는데 가족들이 책을 읽거나 편히 쉴 때 이용하곤 한다.

그리고 모임에 입고 나가실 옷과 악세사리들을 출력하곤 하신다.

저녁이 되자 아빠는 3D프린터로 인쇄한 차로 퇴근하셨다. 그리고는 눈이나 비에 차가 젖지 않도록 3D프린터로 인쇄한 차고를 주문하셔야 겠다고 말씀하셨다.

Ⅰ. 3D 프린터없이는 살 수 없다   13

Ⅰ-2. 3D 프린터로 무엇을 만들 수 있는가?

내가 좋아하는 음식은 내가 인쇄해서 먹는다

3D 프린터의 영역이 요리까지 확장

허쉬컴퍼니(Hershey Company)가 사탕같은 간식들을 출력할 수 있는 3D프린터를 공개했다. 3D 시스템즈(3D Systems)과 힘을합쳐 3D 출력 기술을 이용해 간식들을 만드는 방법을 공동 개발하기로해 만든 것이다. 이것은 가정용으로도 충분히 가능성이 있어 예술적 간식이 기대가 된다.

3D Systems사의 ChefJet로 만든 각설탕

건강한 3D 프린터 !

독일의 바이오준(biozoon)은 영양분 섭취와 이가 약해지고, 소화문제를 격고 있는 노인들을 위해 천연재료들을 그대로 출력하고, 음식을 부드럽게 출력할 수 있는 3D 프린팅 기술을 개발했다고 한다.

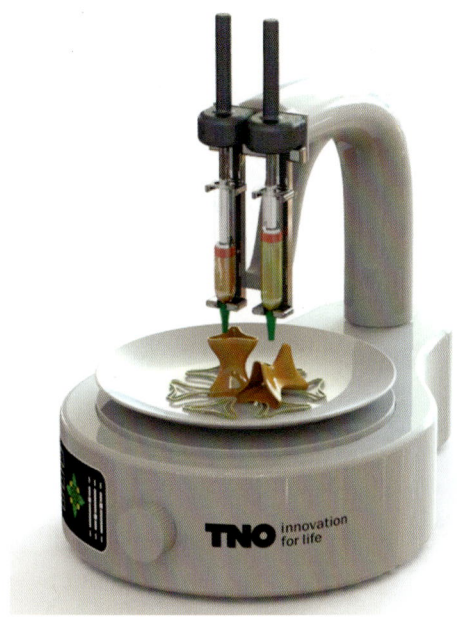

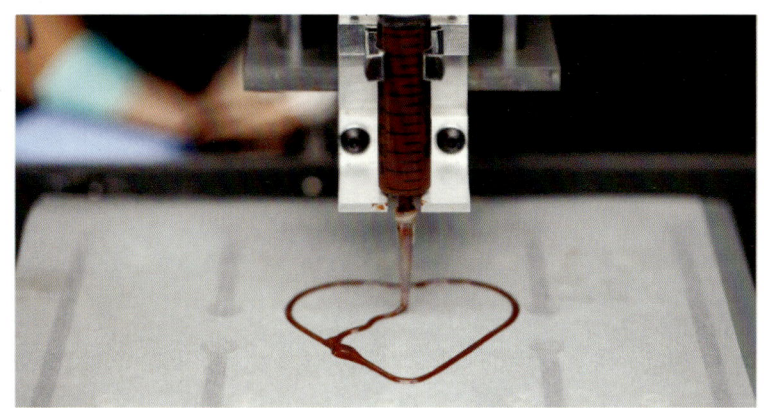

I-2 3D 프린터로 무엇을 만들 수 있는가?

I. 3D 프린터없이는 살 수 없다 15

Ⅰ-2. 3D 프린터로 무엇을 만들 수 있는가?

내가 타고 다닐 자동차를 인쇄해 볼까

솜털 티타늄 자전거

영국 엠파이어 사이클(Empire Cycles)이 정밀기기 부품 제조업체인 네리쇼(Renishaw)와 힘합쳐 만든 3D 맞춤형 자전거 프레임은 무게가 1.44kg으로 MTB 프레임 치고 상당히 가볍다. MTB용 프레임보다 33%나 경량화 했다고 하나 재질은 티타늄이라한다.

스마트 스케이트보드

스트라타시스사의 흥미로워보이는 구조의 이 스케이트보드는 손 제스처를 사용해서 스마트폰으로 조종할 수 있으며, 보드의 무게는 3.7kg이다. 유투브에서나 보면서 한번쯤 타보고 싶어 했었지만 이제는 3D 프린터로 집에서 만들어 질리도록 탈 수도 있게되었다.

초경량 진동오토바이

라이트 라이더라는 이 오토바이는 3D 프린터로 제작한 전동오토바이다. 무게는 35kg, 6kW 전기 모터로 구동되며 3초 만에 45km/h에 도달하고 최고 속도는 80km/h라고 한다. 이뿐만 아니라 3D 프린터로 만든 복잡한 구조의 프레임도 눈에 들어온다.

이 오토바이는 3D프린터를 이용해 AP웍스는 자체 알고리즘을 이무게를 최소화하면서도 오토바이 프레임 자체가 화물 무게나 일상 운전에 필요한 부하를 견딜 수 있는 견고함을 갖출 수 있게 최적화된 구조를 개발했다고 밝혔다. 마치 생물의 뼈대처럼 보이지만 튼튼하고 가벼운 구조를 위해 생물 구조와 자연스러운 성장 과정이나 패턴을 이용할 수 있게 알고리즘을 프로그래밍하고 설계한 결과라 한다.

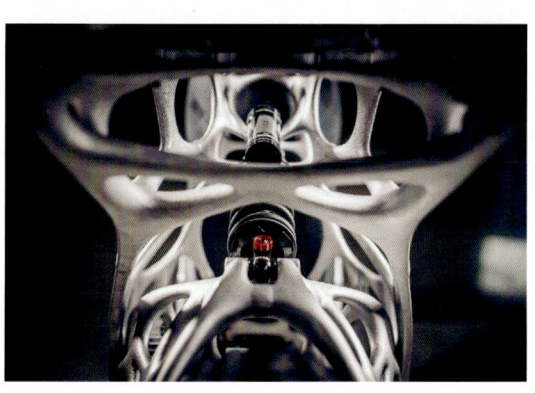

3D로 인쇄한 친환경 ubee

2인승 자동차인 Urbee는 3D 프린터로 만든 에탄올 예비 연료를 사용하는 도시형 전기 자동차로 최소한의 에너지만 사용하도록 효율적으로 설계되었다. Urbee는 고속도로에서는 약85Km/L 이상, 시내에서는 43Km/L로 달릴 수 있으며 현재까지 차체 전체를 적층 제조 공법을 사용하여 인쇄한 최초의 시제품 차량이다.

3D 기술로 제작한 카약

약 3.7m 길이의 이 카약은 CI가 대면적 적층 제조기계로 탄소 및 유리 섬유로 보강된 ABS 플라스틱 재료를 사용해 3D 프린팅한 제품이다.

BAAM 3D 프린터는 작업 영역이 1.6m×3.5m×0.9m정도의 크기로 매우크고, 재료 압출 속도는 17kg/h로 매우 빠르다.

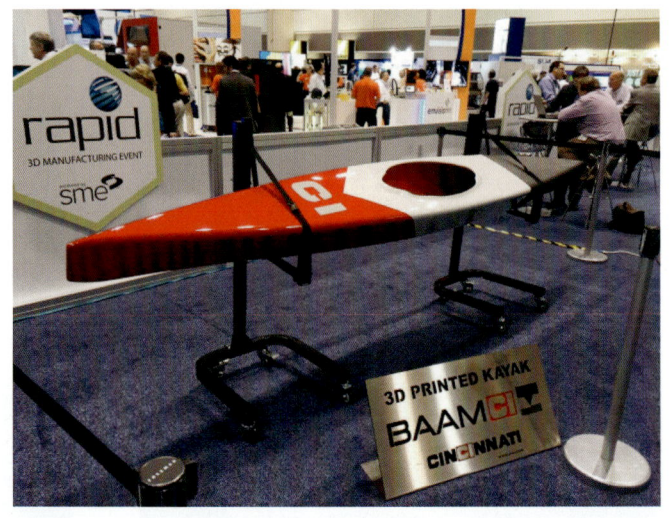

세계 최초 무인항공기, 제작속도는 절반

 스트라타시스와 오로라 플라이트 사이언스가 세계 최초의 3D 프린터를 이용한 무인항공기를 만들었으며 이는 날개폭이 약 2.7m에 무게는 약 15kg다. 이 무인항공기는 80%가 3D 프린팅으로 만들어졌으며, 원래의 무인항공기 제작소요시간의 절반정도가 소요된다. 이 항공기는 약 240kph까지 속도를 낼 수 있다고한다.

I-2. 3D 프린터로 무엇을 만들 수 있는가?

Made in Space! 우주에서 만들었어요.

3D 프린팅한 우주선

록히드 마틴(Lockheed Martin), FARO 테크놀로지(FARO Technologies), 다이렉트 디멘션(Direct Dimensions), 메트-L-플로(Met-L-Flo), 플로리다 공대와 CI가 최초의 오리온 승무원 모듈과 3D 스캔을 사용한 작은 모형을 3D 프린터로 인쇄했다. 이 모형은 사람을 태우고 화성을 탐사하기 위한 목적으로 개발 중인 모형이다.

    NASA는 기존에는 만일의 사태에 대비해 항상 여분의 부품을 챙겨야 했지만 3D프린터가 있다면 필요한 부품을 즉석에서 바로 프린팅할 수 있기 때문에 우주선에 3D 프린터를 실을 계획이라고 발표했다. 이렇게하면 우주선 내부의 공간 절약 문제 뿐만 아니라, 필요한 부품을 바로 만들어 우주비행사의 안전이 향상될 것이다. 문제는 3D프린터가 무중력인 우주에서도 작동할 수 있어야한다는 것이다. 이 문제를 해결하기 위해 실리콘 밸리의 벤처기업 '메이드 인 스페이스'에 의뢰해 무중력 상태에서도 작동하는 쓰리디 프린터를 연구하고 있다.

또, NASA는 3D 프린터와 로봇을 이용해 우주에서 대형 안테나와 태양광 발전기를 조립하는 기술을 2020년까지 개발하겠다고 발표했다.

3D 인쇄된 자동차 엔진과 기타 부품

이 모델 엔진 블록은 선택적 레이저 용융을 사용해 3D 인쇄한 부품이다. 모델에 불과하지만 자동차 제조업체들은 빠른 프로토타이핑을 위해 3D 인쇄를 조기에 도입했다. 예를 들어 포드 자동차는 흡기 매니폴드 프로토타입부터 사출 성형에 사용되는 모래 거푸집에 이르기까지 연간 2만 개 이상의 부품을 여러 가지 3D 인쇄 기술을 사용해 찍어낸다.

선택적 레이저 용융으로 만든 제트 엔진

아메로 엔지니어링(Amaero Engineering)과 모나시 대학은 베드 위에 금속 파우더를 적층하는 선택적 레이저 용융(SLM)을 사용해 제트 터빈 엔진을 만들었다. 각 파우더 층을 내려놓고 레이저가 부품 모양을 그리면 파우더 층이 이전 층으로 녹아내린다. 아메로 SLM 프린터의 제작 면적은 약 64cm x 38cm x 48cm다.

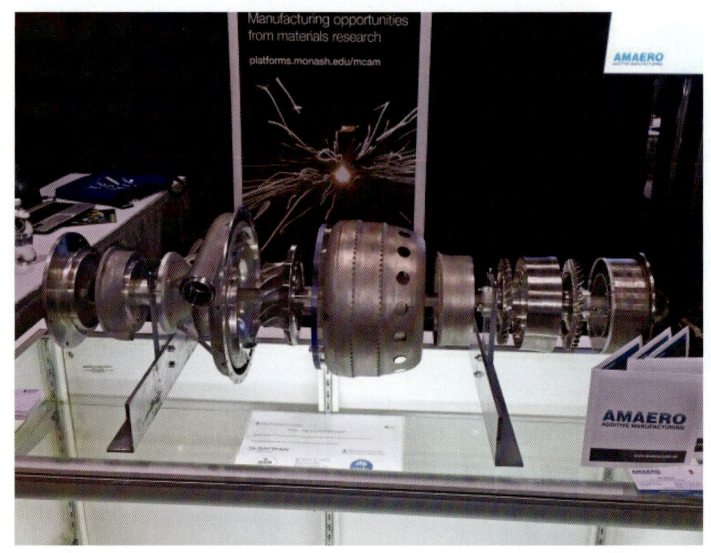

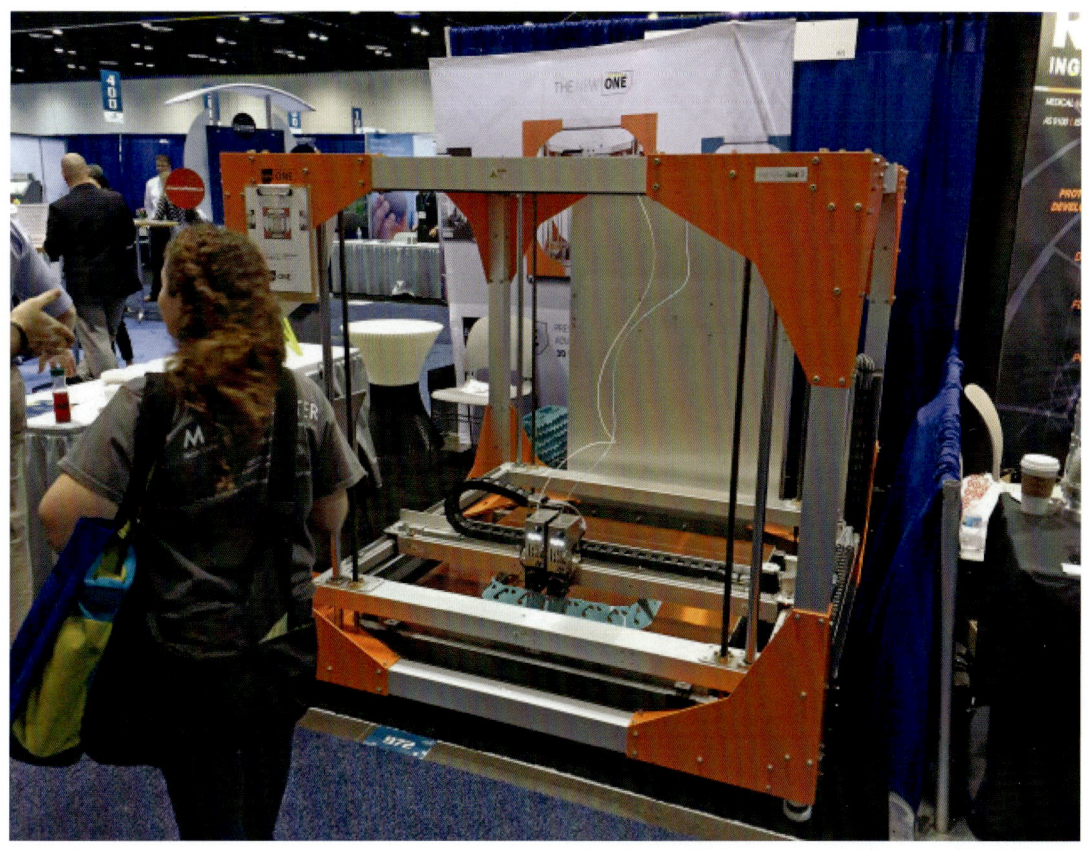

대형 3D물 제조

3D 프린터는 대부분 cm 단위의 제작 면적을 갖고 있지만 빅렙 GmbH의 이 융합 침적 모델링 기계의 제작 공간은 1입방미터 정도이다. 과연 사람이 들어갈 수 있을 정도의 3D 프린터를 어떤 곳에 활용할 수 있을까?

하나의 예로 HTW 베를린 모터스포츠에서는 빅렙 원 3D 프린터를 사용해 경주용 자동차를 위한 거푸집을 만들었다.

I-2. 3D 프린터로 무엇을 만들 수 있는가?

특별한 내게 딱맞는 의류를 인쇄하기

3D 프린터로 신발 개발 속도 상승

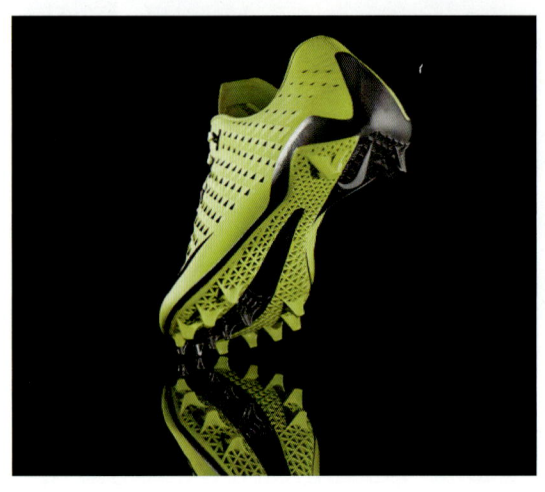

나이키에서는 2013년 3월 3D 프린터를 이용하여 '베이퍼 레이저 탤런 부트'라는 축구화를 만들어 공개했다. 축구화의 밑창은 단단한 나일론으로 만들어졌다. 나이키의 혁신 담당 책임자인 셰인 고하츠는 FT에 "3D 프린터를 이용한 덕분에 개발에 속도가 붙었다"고 말했다.

3D 프린터로 신발과 환경을 둘 다 잡는다

아디다스에서 3D 프린터를 이용해 친환경적인 신발을 만들었다는 발표를 했다.

이 신발의 재료는 바다에 버려진 플라스틱이다. 이 플라스틱은 바다에서 플랑크톤과 작은 물고기한테 피해를 입혀 결국엔 사람한테 돌아오는 매우 안좋은 오염물질이다. 이러한 오염 물질을 이용해 만든 신발인 3D-printed ocean plastic을 2015년 12월 11일 프랑스에서 열린 COP21에서 발표했다.

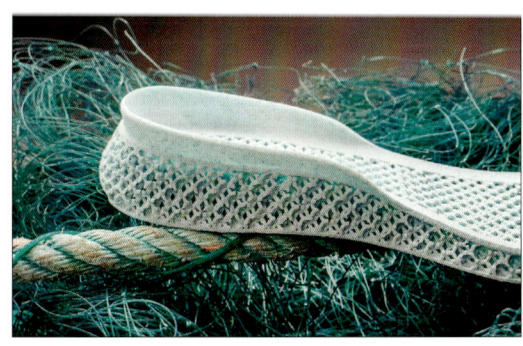

3D 프린팅으로 안경테와 렌즈를 한 번에

네덜란드에 LUXeXceL는 세계 최초의 3D 인쇄 안경을 만들었다. UXeXceL사는 주로 인쇄 프로토 타입과 조명 산업을 하는 회사인데, 안경테와 렌즈를 3D 프린터로 인쇄했다

3D 프린터로 나만의 옷 인쇄하기

최근에는 옷을 만드는 '오픈니트(OpenKnit)'라는 3D 프린터가 나왔다. 이 프린터는 털실을 원료로 사용하여 원료를 적층하지 않고 털실을 지그재그로 엮어 옷을 만들어 낸다.

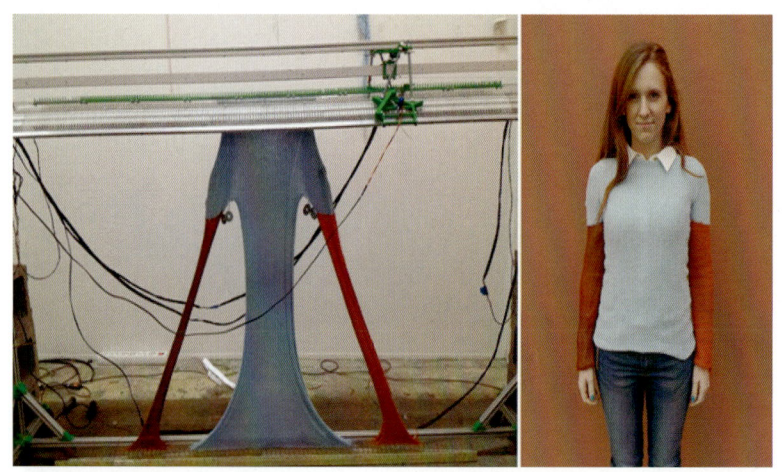

I-2 3D 프린터로 무엇을 만들 수 있는가?

최근까지 3D 프린터는 모자의 휘장부터 나이키 3D 인쇄 클릿과 신발창에 이르기까지 의류 인쇄에 부분적으로 사용됐다. 그러나 RAPID 2016에서 신발, 치마, 상의 등 전체 의류가 3D 인쇄로 만들어진 패션 쇼가 개최되었다고 한다. 사진에서 이스라엘 패션 디자이너 다니트 펠레그가 디자인한 3D 인쇄 드레스, 재킷, 신발을 볼 수 있다.

I. 3D 프린터없이는 살 수 없다

Ⅰ-2. 3D 프린터로 무엇을 만들 수 있는가?

세상에 하나뿐인 나만의 악세사리 인쇄하기

원하는 디자인의 장신구

스마트폰 케이스를 이제는 집에서 만들 수 있게 되었다. 오픈소스에서 다운로드를 하거나 자기가 원하는 디자인으로 직접 모델링을 해서 사진처럼 톱니바퀴구조의 스마트폰 케이스를 자신의 핸드폰 크기에 맞게 만들 수 있게 되었다.

APPLE사에서 만든 apple watch의 밴드를 3D 파일로 디자인을 한 모습이다. 앞으로 모든 악세사리 분야에서는 가능성이 무궁무진하다.

I-2. 3D 프린터로 무엇을 만들 수 있는가?

나만의 기타로 연주를

3D프린터로 만드는 알루미늄 기타

3D프린터는 요리, 의류, 산업등 많은 분야에서 활용되었고, 예술 분야에서도 사용된다.

다양한 3D프린터 출력 악기를 만들어온 스웨덴 룬드대학 올라프 다이겔 교수가 이번에는 3D프린터를 이용해 장미와 가시 같은 디자인으로 출력한 알루미늄 기타를 만들었다.

보통 3D프린터로 출력을 하면 저렴하고 다루기 쉬운 ABS 수지 재질을 이용하지만, 모델에 따라 금속이나 나무 같은 걸 사출할 수 있는 제품도 있다. 이 기타는 알루미늄 재질을 이용해 복잡한 예술을 만들었다.

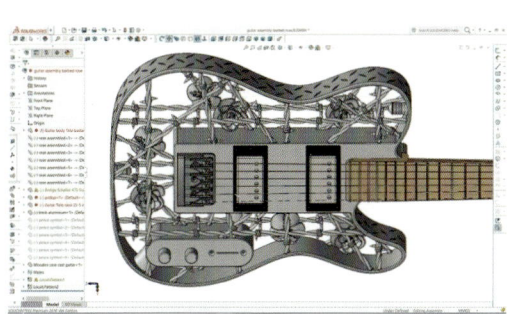

이용한 프린터는 EOS M400이라는 3D 프린터로, 레이저로 알루미늄 분말을 녹여 제품을 만들어낸다. 출력가능한 최대 크기는 40㎤다.

그러나 출력 후에 떼어낸 다음 표면을 다듬는 등의 후작업도 거쳐야 했다.

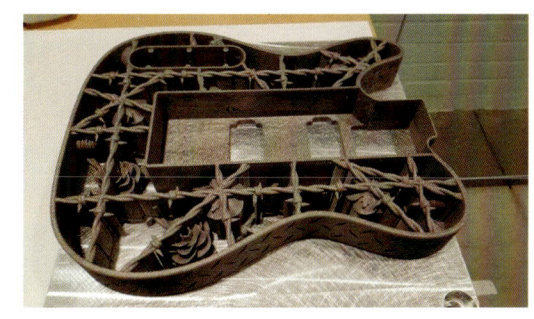

Ⅰ-2. 3D 프린터로 무엇을 만들 수 있는가?

나의 로봇 친구 인쇄하기

원하는 장난감과 로봇 만들기

프랑스 아티스트가 DIY로봇을 만드는 3D 프린터 파일을 공유해 이제 누구나 3D 프린터로 부품을 뽑고, 아두이노 보드를 추가하여 원하는 로봇이나 장난감등을 쉽게 만들 수 있게 되었다.

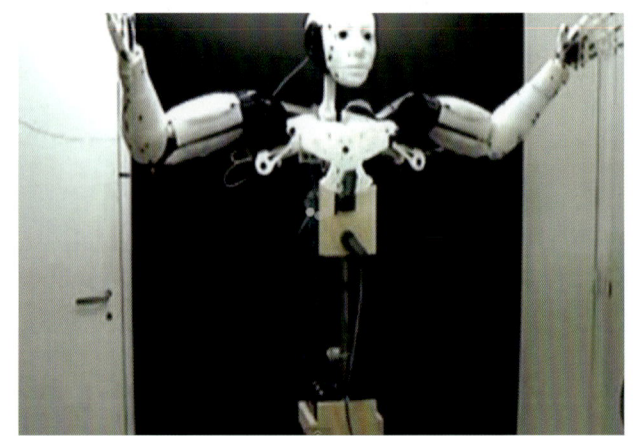

3D 프린터로 만든 실제 작동하는 R2D2

3D 퓨얼(3D Fuel)은 실제 크기의 작동하는 스타워즈의 R2D2를 인쇄했다. 원격 조종 모델이며 만드는데 3개월이 소요되었다. 회로 보드, 알루미늄 돔, 주 본체 덮개를 제외한 모든 부품들은 3D 인쇄로 만들었고, 조작은 플레이스테이션 리모트 컨트롤을 사용한다.

느론노 3D 프린터로

아두이노와 3D 프린터로 출력한 몸체를 조립해 만든 쿼드콥터(quadcopter)의 프로펠러 가드를 출력한 모습이다.
 옆의 프로펠러 가드는 내가 직접 부품을 구입해 만든 드론에 적절한 파일을 받고, 크기에 맞게 설계하고 출력한 모습이다.

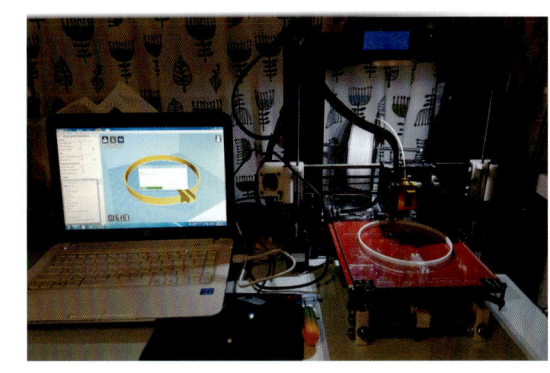

 내가 만든 드론으로 드론경진대회 참가해 심사자들 앞에서 설명하고 있는 중이다. 이 대회에서 최연소 참가자로 참가했으며 신문사 기자들이 내가 만든 드론이 제일 멋지다고 사진을 많이 찍어 갔다. 대회가 시작되기 전 기자들의 요청으로 드론을 너무 많이 날려, 정작 대회 시합 중간에 배터리가가 방전되어 버려, 아쉽게 장려상을 받았다.

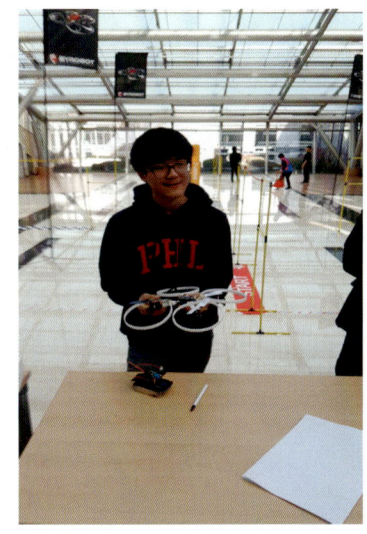

I. 3D 프린터없이는 살 수 없다   31

Ⅰ-2. 3D 프린터로 무엇을 만들 수 있는가?

내가 살고 싶은 집을 인쇄하기

3D 프린터로 다양한 건물 출력

건축공학자 안드레이 루덴코는 3D 프린터를 이용해 '마법의 성'을 지었다고 한다.

출력하는데 쇼요되는 시간이 매우 오래 걸려 보이지만 저 마법의 성은 출력하는데 8시간 정도밖에 걸리지 않았다고 한다.

잉추앙 신소재 주식회사가 재활용 건축 자재와 4대의 커다란 3D 프린터를 사용해 24시간 내에 10채의 집을 짓는데 성공한데다가, 한 채를 짓는데 든 비용은 고작 5000달러 정도라고 한다. 지어진 건물들은 상하이 공업단지에서 사무실로 사용될 예정이라고 한다.

I-2. 3D 프린터로 무엇을 만들 수 있는가?

3D 프린터로 태아 출력

산모에게 행복을

지금까지는 엄마의 뱃속에 있는 아기모습을 초음파로 촬영하여 사진으로 출력해준 것이 전부였지만, 하기스는 엄마들에게 뱃속의 아기를 입체적으로 모델링하여 3D 프린터로 출력해주는 서비스 사업을 시작했다.

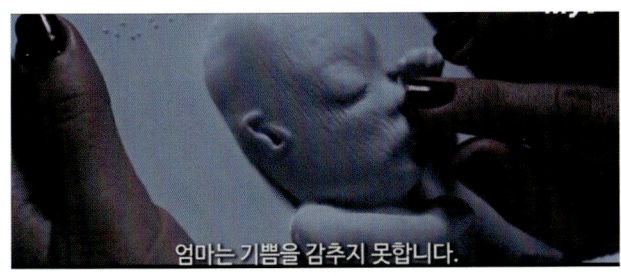

이제까지의 기존 사진들은 아기 모습을 보기가 어렵다는 단점이 있었지만, 3D 프린터로 출력된 아기 모형은 가족들에게 더 큰 만족을 주고, 결과적으로 회사에 도움도 되어질 것으로 보인다.

Ⅰ. 3D 프린터없이는 살 수 없다

I-2. 3D 프린터로 무엇을 만들 수 있는가?

아픈 사람에게 3D 프린터를

3D 프린터로 어려움을 극복하기

미국의 델라웨어 병원이 3D 프린터를 사용해 인공 외골격 기구를 맞춤 제작하여 팔을 움직일 수 없는 관절 만곡증을 가진 미국의 2살 어린이 엠마에게 팔을 움직일 수 있게 해 주어 많은사람들이 감동받았다.

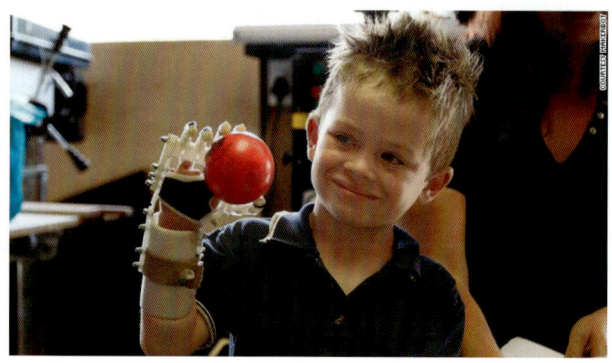

미국의 림 이노베이션사는 3D 프린팅 기술을 사용해, 기존의 의족 소켓보다, 더 쉽고 빠르면서 값싼 비용으로 만들수 있는 '인피니트 소켓 (Infinite Socket)' 을 개발하는데 성공했다.

하나의 고정된 플라스틱 파트로 제작되는 기존의 소켓은 절단된 사지의 부피조절을 고려하지않아 불편한점이 있었지만, 인피니트 소켓은 4개의 열가소성 탄소 섬유 막대로 뼈대가 구성되어 있어, 외부에 장착된 스트랩을 이용해 소켓을 조임을 조절할 수 있다. 사지가 절단된 부분은 그 형태나 부피가 조금씩 변화하기 때문에, (일일 평균 5%의 부피 변화) 이 부피변화에 맞춰 소켓의 조임을 조절하는 것이 착용감에 커다란 변화를 가져다 줄 수 있다고한다.

3D 프린터 기술은 인피니트 소켓의 개발과정에서 유용하게 활용된다. 3D 스캐너로 사용할사람의 다리를 스캔한 후, 이를 토대로 소켓의 모델링을 만들어 3D 프린터로 출력하는 과정들을 통해, 사용자의 몸에 매우 잘 맞아 편한 인피니트 소켓을 제작할 수 있다.

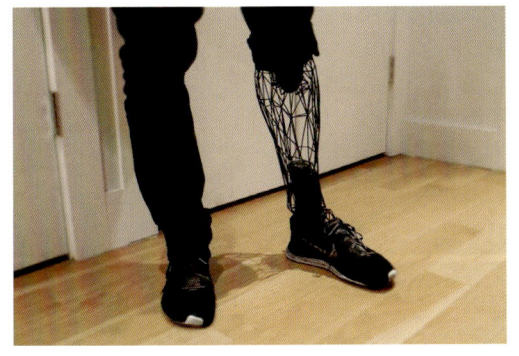

림 이노베이션은 인피니트 소켓 제작 서비스를 정식으로 제공하기 위해 파트너 의료 업체를 찾고 있다.

윌리엄 루트라는 디자이너가 3D프린터 시스템을 이용해 개발한 의족 '엑소'는 미적인 감각과 기술을 결합해 만든 것이다.

이 제품은 MIT 바이오메카트로닉스 연구소가 개발한 핏소켓이라는 기술을 이용했다. 핏소켓은 압력 센서를 이용해서 환자의 조직 중 부드럽고 딱딱한 정도를 측정하여, 환자의 몸과 맞는 인터페이스를 제작했다는 것이다.

사랑하는 애완동물에게도 의족선물

최소한의 재료로 최대한 강도를 뽑아내면서 외형이 세련된 것이어야 한다는 원칙을 세워 제품을 만들었다. 티타늄과 고강도 플라스틱 같은 재질로 이뤄진 검은 색 의족은 3D프린터로 제작하면 가격도 1,800달러(한화 194만원정도)면 된다. 물론 이 제품이 현실화되려면 FDA 승인 등의 문제들이 남아 있지만 디자이너는 엑소 하나면 의족을 만드는 데 3D프린터 인쇄비용만 필요하게 될 수 있다고한다. 3D프린터 기술이 발전하고 대중화가 더 진행된다면 가격이 더 떨어질 것이라는 얘기다.

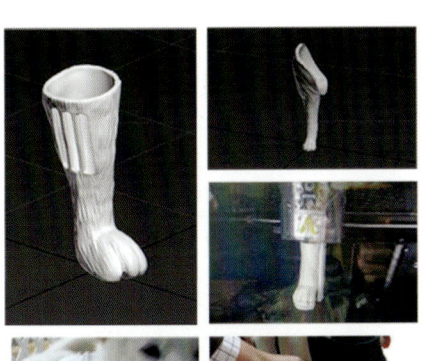
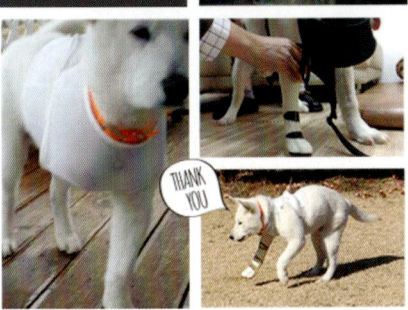

3D 프린팅한 저가 의안

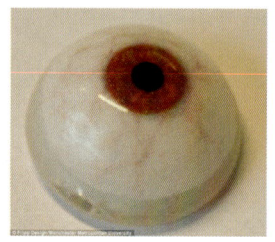

영국의 프립디자인사가 맨체스터메트로폴리탄대학과 협력 하여, 시간당 150개의 의안을 만드는데 성공했다. 기존방식으로 의안을 만들면 4880달러(517만원)였지만 3D 프린터로 의안을 만들어서 163달러(17만원)으로 가격이 줄었다.

보청기 기업인 오티콘은 귓속을 3D 스캐너로 스캔하고 3D 프린터로 제작하는 보청기를 제작했다.

사람의 귓속 모양이 조금씩 모두 다르기 때문에 자신의 귓속 모양을 스캔하여 자신에게 딱 맞는 보청기를 만들어 출시하였다고한다.

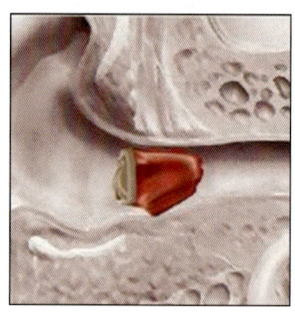  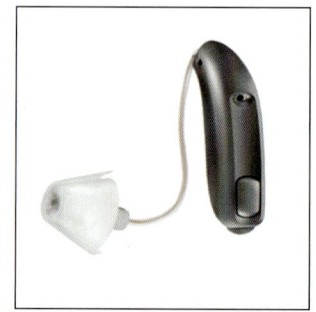

기존의 기술로는 살릴 수 없었던 환자를 3D 프린터를 활용하여 치료

22세의 한 네델란드 여성 환자는 두개골이 두꺼워지는 희귀질환을 가지고 있었는데 정상적으로는 1.5cm 가량이 되는 두개골이 계속 자라서, 5cm 까지 두꺼워진 탓에 뇌가 압박되어, 눈이 잘 보이지 않고 심한 두통을 느끼는 등 이미 심각한 상태였다.

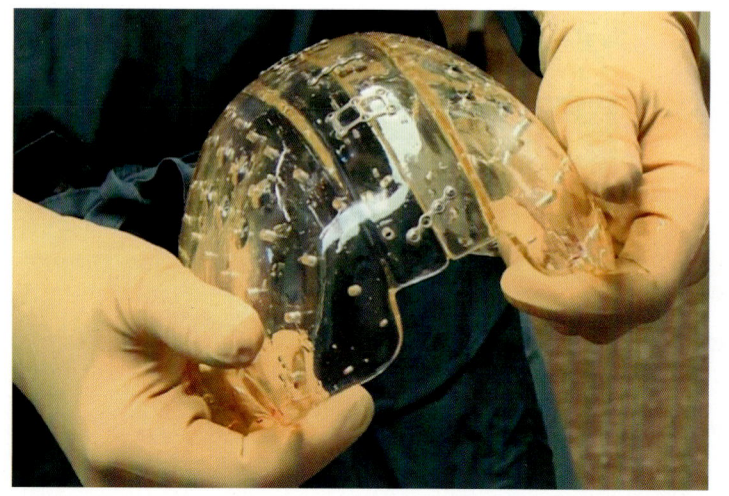

의료진은 이 환자의 두개골 윗부분 전체를 잘라내고, 대신 3D 프린터를 이용하여 환자의 두개골 모양으로 정교하게 만들어 사용해 수술에 성공했다고한다.

맞춤 인쇄된 다공성 두개골 임플란트

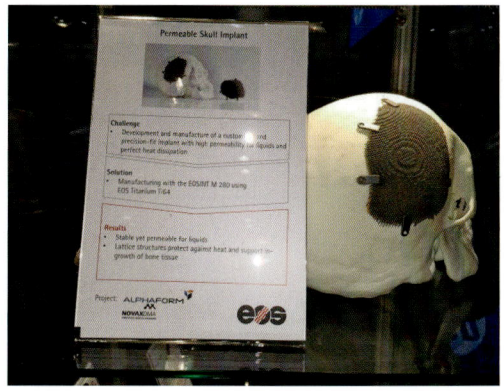

이 다공성 맞춤형 두개골 임플란트는 알파폼 AG가 일렉트로 옵티컬 시스템즈의 직접 금속 레이저 소결 3D 프린터를 사용해서 만들었다. 다공성 구조가 사용된 것은 뇌졸중 관련 수술을 받은 한 아르헨티나 환자에게 특별히 큰 임플란트가 필요했기 때문이다. 이 임플란트는 유체 흐름, 열 발산이 가능하고 두개골 자체의 뼈조직과 결합되는 특성을 갖췄다고한다.

환자 전용 디바이스 제조

다른 곳 뿐만 아니라 의학 분야에서도 3D 프린터는 합성 심장 판막, 피부 이식, 기관 조직 인쇄에 이르기까지 다양하게 사용되고 있다. 현재 조직은 약물 테스트에 사용되고 실제 인체 기관을 대체하는 용도로는 사용되지 않는다. 3D 인쇄가 빠르게 발전하고 있는 또 다른 분야는 수술 절단 가이드, 즉 의사의 절개를 안내하는 지그다. 사진의 3D 프린팅된 대퇴부 절단

가이드는 재건 수술에서 무릎 관절과 대조하는 데 사용됐다.

티타늄 고관절

옆 사진은 환자의 CT 스캔을 기반으로 3D 프린팅된 고관절이다. 고관절 볼과 소켓은 3D 프린팅된 티타늄으로 만들어졌다. 아캄 AB의 전문 정형외과 3D 프린터는 전자 빔 용융 기술을 사용해 티타늄 파우더를 임플란트 형상으로 층별로 결속시킨다. 이 기술은 선택적 레이저 소결과 비슷하다.

Ⅰ-2. 3D 프린터로 무엇을 만들 수 있는가?

3D 프린터로 문화재 복원

3D 프린터로 감쪽같이 손상된 문화재 복원하기

고려시대 유물로 추정되는 '백자 주전자'가 몸체의 절반이 사라진 채 발견되었다. 연구진은 복원하기 위한 방법을 3D 프린터로 결정하였다.

3D 스캐너로 '백자 주전자'를 정밀하게 찍은 후, 복원 이미지를 만들었다.

아크릴을 재료로 회손된 부분을 찍어낸 후에 '백자 수전자'에 붙이고 색을 입히자, 알아보기 힘들 정도로 감쪽같아졌다.

파손된 항아리를 3D 스캔후 깨어진 부분을 정밀하게 출력하여 색을 칠해 복원한 모습이다.

중국의 국보급 문화재인 '천수 관음 보살 석상'을 3D 프린터로 복원

심하게 손상된 중국 국보급 문화재 천수 관음 보살의 천개의 손을 한개씩 3D 프린터로 출력하여 정교하게 복원했다.

영국왕 리처드 3세의 유골 복원

영국 러프버러대학 연구팀이 영국왕 리처드 3세의 유골을 3D프린터를 이용하여 기존의 복제본보다 더 정교하게 복제하는데 성공했다.

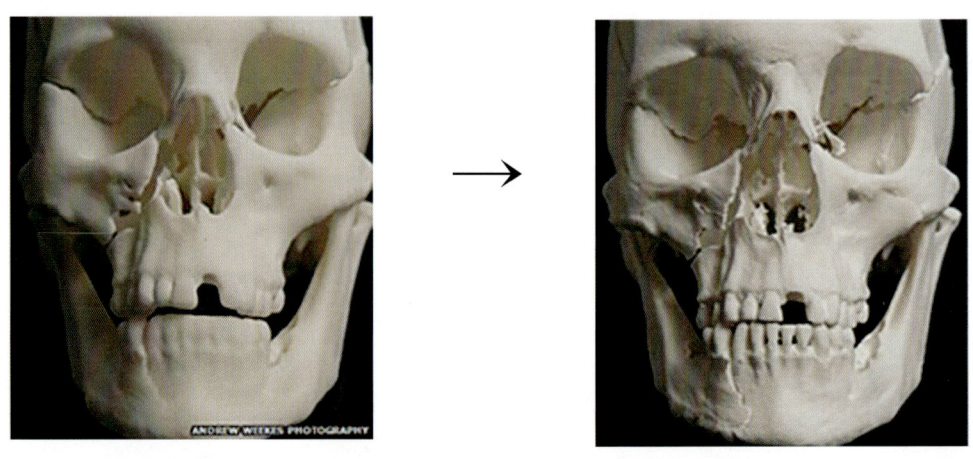

Ⅰ-2. 3D 프린터로 무엇을 만들 수 있는가?

집에서 사용할 나만의 그릇, 도자기를 인쇄하기

네덜란드 예술가, 델타형 3D 프린터로 대형 도자기 프린트

네덜란드에 한 예술가는 3D 프린터로 거대한 도자기를 만들고 싶어서 스스로 도자기용 압출기를 개발했다.

그는 처음에 3D 프린터로 도자기를 출력해본다는 생각에 흥미로워 했다. 그러나 식기용도로 사용할 만큼 안전이 확실히 보장되는 것이 아니고, 재료문제와 최대 사이즈 등의 문제들이 있었다. 그는 노력 끝에 이 문제들을 2년 만에 해결했다고 한다.

Ⅰ-2. 3D 프린터로 무엇을 만들 수 있는가?

3D 프린터로 예술하기

예술의 상상력을 현실화시키는 3D 프린터

"예술가는 작업할 수 있는 범위 내에서 상상력을 발휘하게 됩니다. 3D프린터는 상상 범위의 제약을 없애주죠. 손으로 할 수 없던 작업을 구현할 수 있게 되니까요."

3D 프린터는 상상의 범위의 제약을 없애주고, 손으로 할 수 없는 작업을 가능하게 하여 예술가들도 3D 프린터를 활용하는 사람들이 늘고 있다고 한다.

전시회에 참여한 류호열 작가(중앙대학교 예술대학 조소학과 교수)는 현재 가장 주목받는 기술인 3D프린터를 이용한 예술을 '진정한 동시대 미술'이라말했다.

← 머리카락 반 정도의 넓이에 새겨진 작품

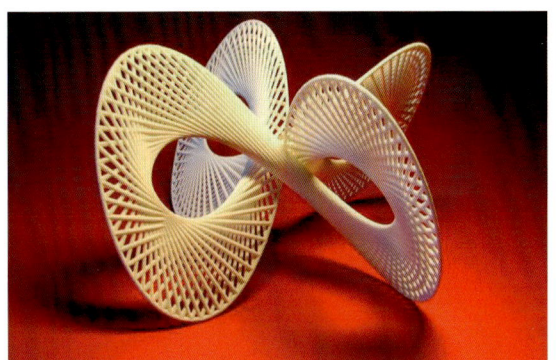
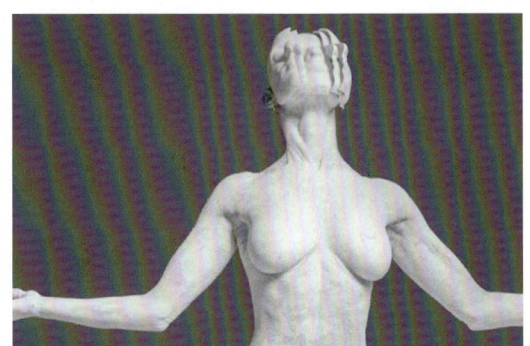
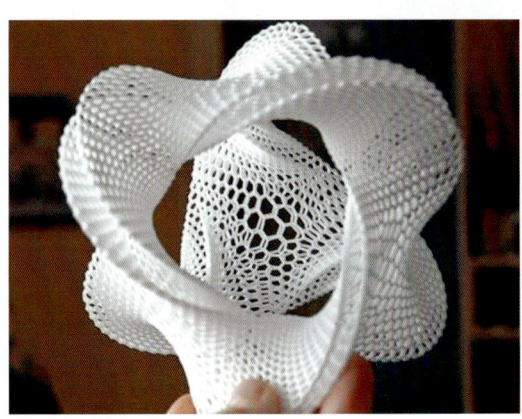

I-2 3D 프린터로 무엇을 만들 수 있는가?

Ⅰ. 3D 프린터없이는 살 수 없다   43

I-2. 3D 프린터로 무엇을 만들 수 있는가?

스마트폰을 3D 프린터로

나의 스마트폰을 3D 프린터로 바꿔주는 '올로 3D 프린터'

스마트폰 디스플레이의 빛을 이용하는 3D 프린터가 있다. 킥스타터(Kickstarter) 크라우드 펀딩 캠페인에 등록된 지 4일 만에 80만 달러를 모금했다하는데, 올로 3D가 개발한 이 3D 프린팅 시스템은 아이폰 6s와 갤럭시 A7 등 5.8인치 크기 이상의 모든 스마트폰을 활용할 수 있다.

3개의 큐브로 구성된 3D 프린터에 올로 앱을 실행시켜 설치하면 화면에서 나오는 흰색빛이 큐브 속 프린트 용액인 광경화 폴리머 레진을 굳히는 원리다. 올로 앱은 다른 올로 사용자들에게 출력할 수 있는 이미지를 전송하는 기능도 있다.

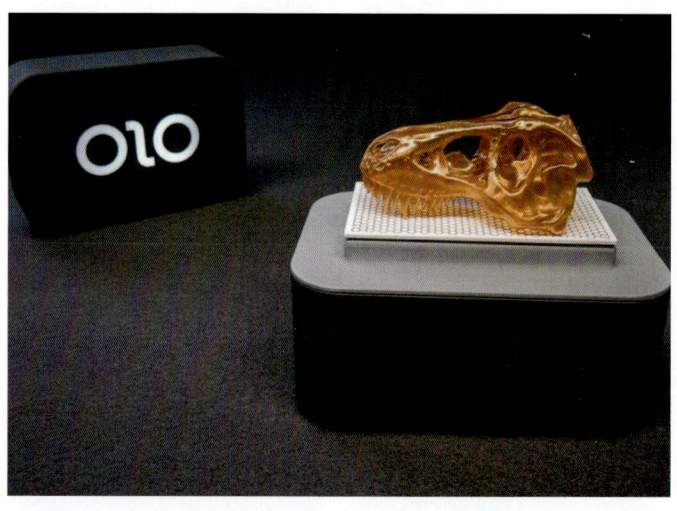

　올로 3D 프린터 앱 <이미지 : OLO 3D INC.>라이브러리속 이미지뿐만 아니라, 오토데스크 123D 캐치(Autodesk 123D Catch) 등 다른 3D 스캔 소프트웨어를 이용해서 3D로 출력할 이미지를 만들 수도 있다. 동시에 여러 오브젝트를 출력할 수도 있다. 출력에 걸리는 시간은 피사체에 따라 다르지만, 일반 데스크톱 3D 프린터보다는 느리다. 예를 들어 지름 5cm의 공을 출력하는 데 총 3시간 정도 걸린다.

Ⅰ-3. 3D 프린터란 무엇인가?

제 3의 산업혁명

"3D printing has the potential to revolutize the way we make almost everything."

"3D 프린터의 출연은 제3의 산업혁명이다."

오바마 대통령은 3D 프린터의 등장이 제 3차 산업혁명이라 말했고, 많은 사람들이 이전까지 다른 나라한테 인력 때문에 쳐졌던 것을 메울 기술이라 보고 있으며, 기존의 산업을 바라보는 관점을 바꿀 수 있는 획기적인 기술이라 평가받고 있다.

Ⅰ-3. 3D 프린터란 무엇인가?

3D 프린터의 역사

3D 프린터는 어떻게 만들어졌을까?

1980년대 초 히데오 코마다박사가 단면부분에 빛을 쏴서 한 층씩 부분적으로 빠르게 고체로 만드는 RP 시스템 보고서를 발표했다. 1980년대 중반 Charles W. Hull이 SLA특허를 획득하고, 80년대 후반에 상용화가 되었으나 비싸서 대중들은 사용하지 못했다.

최근 여러 기술의 특허가 종료되어 많은 회사들이 성능은 높이고, 단가는 낮추어 많은 대중들이 사용할 수 있게 되었다.

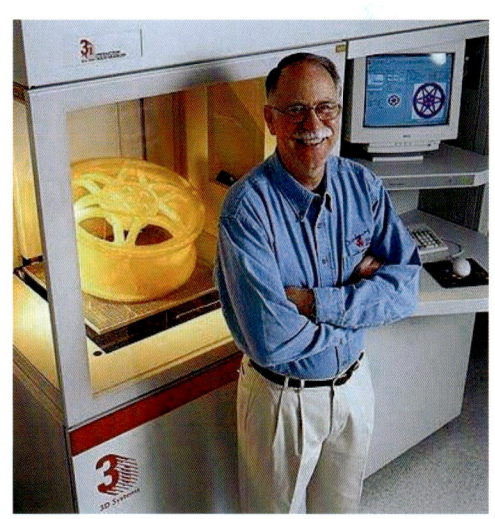

- 1981년 나고야시립 연구소의 히데오 코마다박사가 모델 단면부분에 빛을 쏴서 한 층씩 부분을 쌓아 올리며 고체형상을 구현하는 기능성 포토폴리머 RP (Rapid Prototyping) 시스템 보고서를 발표
- 1984년 Charles W. Hull이 "3D 시스템즈"사를 설립
- 1986년에 포토폴리머 레진을 연속적으로 층층이 쌓는 방법으로 딱딱한 물체를 인쇄하는 자동화 기술을 개발해 특허 획득 {SLA (Stereo Lithography Apparatus)}
- 1988년 SLA방식을 최초로 상용화한 신속조형기술(Rapid prototyping) 시스템을 출시 신속조형 기술은 소수의 자금력이 있는 기업들만이 독점하여 단가가 비싸서 대중들은 사용하지 못하였음. 최근 특허가 종료되어 많은 회사들이 크기와 단가를 낮추고 성능을 개선하여 많은 대중들이 사용가능

I-3. 3D 프린터란 무엇인가?

3D 프린터의 기본 원리와 작동 순서

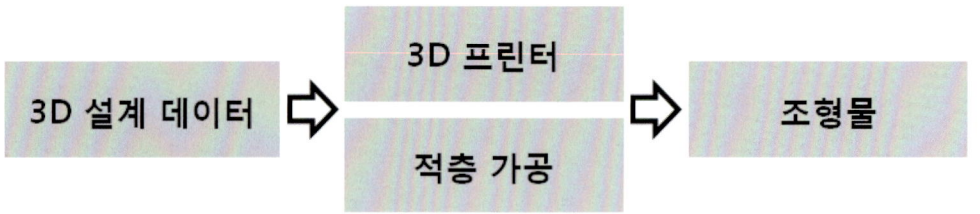

이전에 물체를 깎아내는 방식과 달리, 물체를 모양 그대로 쌓아올리는 방식으로 구조물의 안쪽도 설정할 수 있고 버려지는 부분이 없거나 적어 효율적인 기술이다.

　3D 프린터의 설계데이터를 3D 프린터에 정해진 방식(SD카드, USB등)으로 연결 후 전송해 FDM의 경우 3D 프린터의 X, Y, Z축을 움직여 원료를 적층후 냉각시켜 원하는 조형물을 만든다.

불필요한 부분을 깎는다 VS. 필요한 부분만 쌓는다

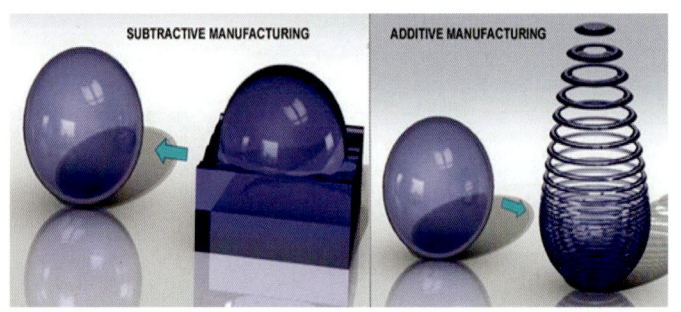

Ⅰ-3. 3D 프린디린 무엇인가?

전통적인 제조 방법과 3D 프린팅 비교

1) 절삭가공

절삭가공은 있는 물체를 깎아내서 조형물을 만들어 내는 방법이다.

- 3D 프린터와의 비교 : 깍아 내는 부분이 버려지고, 내부를 원하는 모양으로 제조하는데 어려움이 있는 절삭가공과 달리 3D 프린터는 버려지는 부분이 없거나 적고, 내부를 원하는 모양으로 제조하기 쉽다.

2) 수제작

수제작은 사람이 직접 손으로 조형물을 만들어 내는 방법이다.

- 3D 프린터와의 비교 : 인건비 때문에 비용이 높고, 시간이 오래 걸리며, 정밀하게 만드는데 한계가 있고 같은 것을 여러 개를 만드는 것이 어려운 수제작과 달리 3D 프린터는 인건비가 들지않고, 비교적 시간이 적게들며, 기계에따라 초정밀하게 만들 수 있으며 같은 물건을 여러개 출력이 가능하다.

Ⅰ. 3D 프린터없이는 살 수 없다   49

3) 사출성형

사출성형은 금형 안으로 액체 등을 밀어 넣어서 조형물을 만드는 방법이다.

① 3D 프린터와의 비교 : 같은 물건을 대량생산이 가능한 장점이 있으나, 금형을 만드는데 시간과 비용이 많이 들고, 모양을 변형하거나 개선을 하기 위해서는 금형을 새로 만들어야 하기에 비용과 시간이 오래 걸리는 사출형성과 달리 3D 프린터는 금형이 필요 없어 새로 만들 필요도 없다.

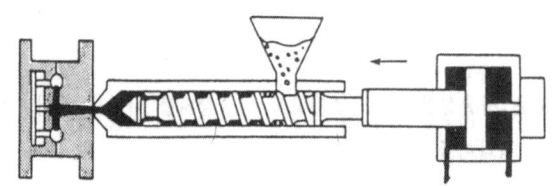

I -3. 3D 프린터란 무엇인가?

3D 프린터의 장점

1) 시간절약

3D 프린터의 가장 큰 장점 중의 하나는 시간이 절약된다는 것이다. 아이디어가 나오면 금형을 만들필요가 없고 바로 인쇄를 할 수 있고 완성품을 만들 때까지 수정을 하기가 쉽다.

특히 3D 프린터는 조립이 필요없이 제작을 할 수 있어, 조립에 들어가는 시간을 절약할 수도 있다.

2) 비용절감

절삭가공과 같이 물건을 만들기 위해서 깍을 필요가 없고 원하는 물건에만 재료가 사용되기 때문에 제조비용이 낮아지고, 수정과 개선을 할 때도 금형을 만들 필요가 없기 때문에 비용이 절감된다.

3) 조립을 할 수 없는 특수한 제작 가능

깎아서 만들거나, 손으로 만들 때는 불가능하거나 어려운 특수한 모양을 만들 수가 있다. 제품의 내부에 기계나 손이 닿기 어려운 부분의 특수한 가공이 가능하고, 3D 프린터의 재료도 플라스틱 종류만이 아니라

음식, 비행기 엔진과 같은 금속 등 거의 무한대로 가능하기 때문에 가공의 한계가 없어지고 있다.

기존 가공들은 여러 부품들을 조립해야 가능했던 것도, 조립이 필요없이 한 번에 제작할 수 있으며, 톱니바퀴들이 맞물려 움직이는 경우도 조립없이 한 번에 출력할 수 있다. 그래서 조립에서 오는 오차를 줄일 수도 있다.

그리고 서로 다른 재료 다른 색깔의 재질을 동시에 사용할 수 있어 서로 다른 여러 성분의 물건을 특수하게 제작할 수 있다.

4) 보안

만약, 회사의 경우 새로운 제품을 만들려고 금형회사에 가서 금형을 만들면 일하는 사람들이 다른 사람들보다 먼저 제품에 대해 알 수 있다. 하지만 3D 프린터는 아이디어가 떠오르면 바로 그 자리에서 인쇄를 할 수 있고, 누구에게도 정보를 누출하지 않아도 된다.

5) 업무효율

조형물 제작시간이 빠르고 제작방법도 쉬우며 인체공학적으로 모델링이 가능하여 업무효율이 향상된다.

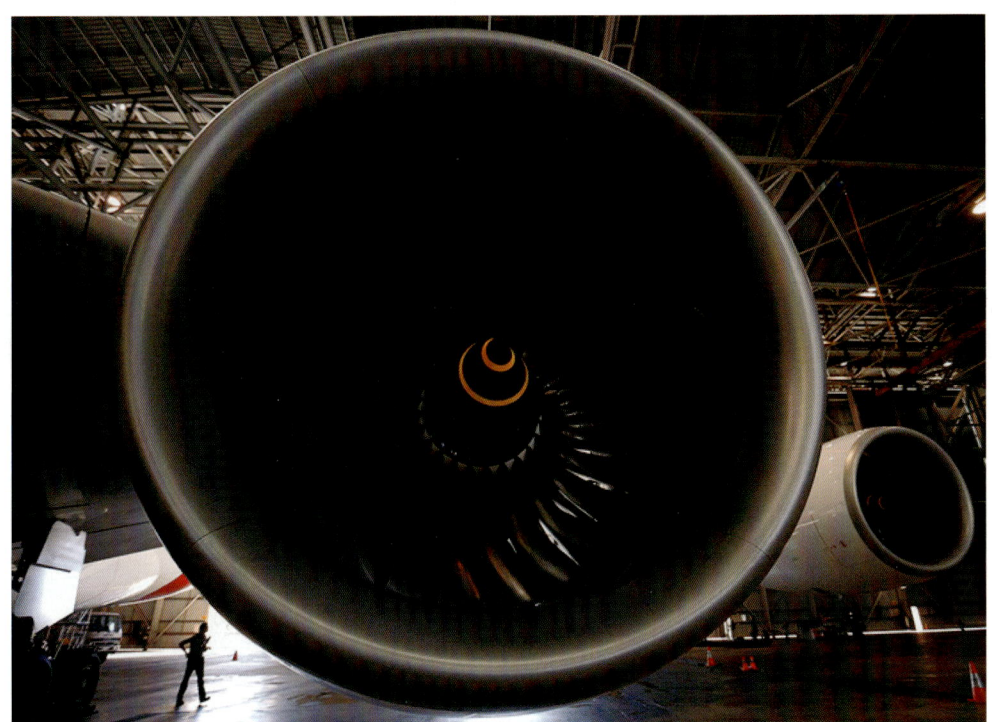

I-3 3D 프린터란 무엇인가?

I. 3D 프린터없이는 살 수 없다

Ⅱ 3D 프린터 오픈소스

1. 3D 프린터의 특허종료
2. 아두이노
3. 싱기버스
4. 본크리에이션
5. 크라우드소싱

II. 3D 프린터 오픈소스 RepRap 프로젝트

1. 3D 프린터의 특허종료

(1) SLA 특허종료

1986년에 액체 플라스틱을 연속적으로 층층이 쌓는 방법으로 딱딱한 물체를 인쇄하는 자동화 기술인 SLA (StereoLithography Apparatus)의 특허가 끝나면서 많은 회사들이 크기와 가격을 낮추고 성능을 개선하여 많은 대중들이 사용가능해졌다.

그 외의 거의 대부분의 3D 프린터 특허기간이 종료되어 대기업에서부터 가정까지 자유롭게 3D 프린터를 만들 수 있게 되었고, 특허가 끝나면서 3D 프린터의 가격이 대폭 낮아졌고, 앞으로 더 낮아질 것으로 보인다.

(2) 3D 프린터 오픈소스 RepRap 프로젝트
RepRap은 Replicating Rapid Prototyping의 줄임말로 2005년 영국 바스 대학에서 기계공학을 연구하는 Adrian Bowyer에 의해 만들어 졌다. 그는 누구든지 3D 프린터를 만들어 사용할 수 있게 하기위해 실험을 하고 자신의 설계내용을 오픈소스로 공개했다.

RepRap은 다른 3D 프린터와 다른 특징이 있는데, 자기 부품의 대부분을 복제할 수 있다는 것이다. 약 60~70%정도가 가능한데 그 정도면 적게는 30~40만원으로도 3D 프린터를 만들 수 있게 되고, 그렇게 되면 다른 3D 프린터를 만드는 것보다 RepRap 3D 프린터를 만드는 것이 경제적으로 나을 것이다.

2. 아두이노

(1) 아두이노

아두이노는 오픈소스를 기반으로 한 단일 보드로 마이크로 컨트롤러다.

초기의 아두이노는 병렬 데이터의 형태를 직렬 방식으로 전환하여 데이터를 전송하는 UART와 PC와 음향 커플러, 모뎀 등을 접속하는 직렬 방식의 포드중 하나인 RS-232를 결합한 통신 체계를 사용하였다.

(2) 아두이노의 장점

위에서와 같이 아두이노는 오픈소스로 회로도, 펌웨어 소스, 개발환경, 개발자들의 라이브러리 등도 공개되어있다.

아두이노 보드는 다른 보드들과 상대적으로 저렴하다. 그리고 컴파일 된 펌웨어를 USB 연결만으로도 쉽게 업로드가 가능하다.

3) 대표적인 아두이노 보드들

-아두이노 UNO-

- 아두이노 표준 보드
- USB 통신을 위한 FTDI 칩을 기본으로 내장
- PC등에 바로 USB로 연결해서 사용
- 5V, 3.3V 모두 지원
- 외부 입력 전원도 지원
- 안드로이드 표준 보드
- 확장 쉴드 등을 사용가능

-아두이노 레오나르도-

- ATmega32u4 칩을 탑재
- USB 통신을 위한 기능
- 고속 통신 모듈과 함께 사용 가능
- 확장성 (PWM, I2C, SPI 등등)

-아두이노 NANO-

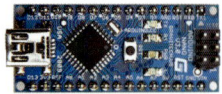

- 아두이노 UNO 보드의 소형화 버전
- mini-B 타입 USB도 내장

-아두이노 Pro/Pro mini-

 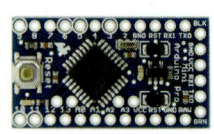

- ATmega328 칩
- Pro 보드(왼쪽): 파워버튼, 외부 배터리용 커넥터가 내장, USB 통신기

-아두이노 Mega 2560-

- 고성능이며 많은 IO 핀을 제공
- 로봇이나 이미지, 음성, 영상 등 상대적으로 고성능이 필요한 곳에 주로 사용

-Lily Pad-

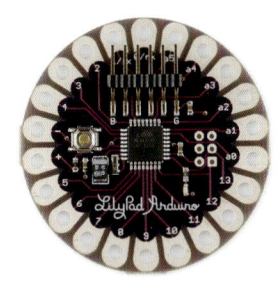

- 바느질로 보드 및 센서, 악세사리를 옷에 장착하는 웨어러블 컨셉의 특수 보드
- Lily Pad USB 버전에는 USB 포트를 내장

-아두이노 FIO(Funnel IO)-

- 무선통신 컨셉의 특수 보드
- LiPo 배터리 연결단자,
- 충전기능
- 외장형 FTDI(USB to Serial 변환기) 모듈 사용 가능

-아두이노 XBee-

- 무선통신 컨셉의 특수 보드
- LiPo 배터리 연결단자와 충전기능
- XBee 모듈 장착을 위한 소켓을 포함

Ⅱ. 3D 프린터 오픈소스 RepRap 프로젝트

3. 싱기버스

(1) 싱기버스란?

싱기버스(thingiverse)는 MakerBot사에서 만든 커뮤니티 사이트로, 3D 프린터로 출력할 stl형식의 파일을 공유하는 곳이다.

　싱기버스는 세계적으로 잘 알려진 사이트들 중 하나이며 무료로 이용하며 파일들을 다운하고, '그룹' 기능으로 비슷한 관심사를 갖고있는 사람들끼리 공유가 가능하다.

　3D프린팅용으로는 가장 방대한 자료를 보유하고 있다고 한다.

(2) 싱기버스의 장점

- 싱기버스는 오픈소스로 이메일만 있으면 누구나 가입할 수 있다.
- 싱기버스에서는 방대한 자료들을 무료로 이용할 수 있다.
- 자신과 비슷하거나 흥미가 있는 관심사를 갖고 있는 사람들끼리 공유가 가능하다.
- 위와 같이 3D프린팅용으로는 가장 방대한 자료를 보유하고 있다.

Ⅱ. 3D 프린터 오픈소스 RepRap 프로젝트

4. 본크리에이션

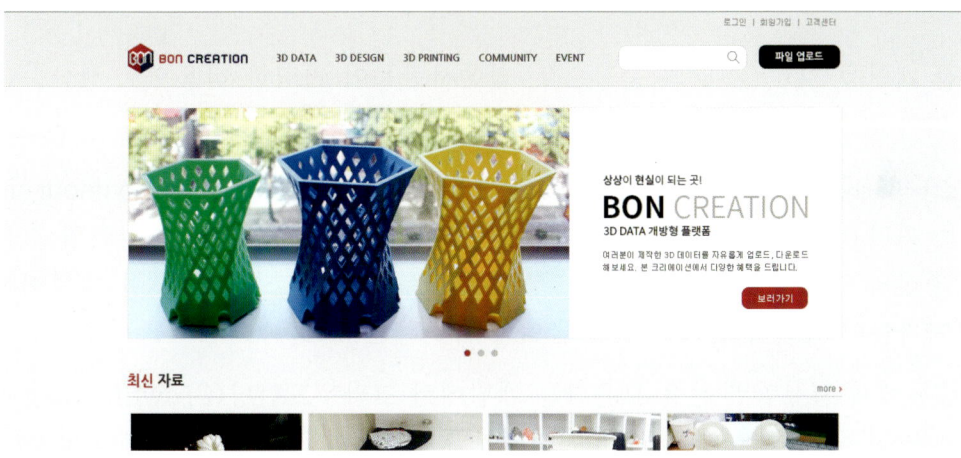

(1) 본크리에이션 (Bon-Creation)

본크리에이션은 국내에서 사용자가 가장 많은 3D프린터 플랫폼 서비스로 국내에서는 가장 많은 자료를 보유하고 있다.

(2) 본크리에이션의 장점

- 메뉴에서 알수 있듯이 다양한 종류들의 자료들이 있다.
- 국내에서 사용자가 가장 많은 3D 플랫폼 서비스다.
- 무료로 자료들을 이용할 수 있다.
- 국내에서 가장 많은 자료를 보유하고 있다.

Ⅱ. 3D 프린터 오픈소스 RepRap 프로젝트

5. 크라우드소싱

저렴한 개인용 3D 프린터의 등장으로, 많은사람들이 저렴한 비용으로 생산수단을 가지게 되었고, 이는 제조업 분야의 소자본 창업을 활발하게 했다.

킥스타터(Kickstarter)나 쿼키(Quirky)와 같은 크라우드소싱(Crowdsourcing) 사이트는 이러한 소자본 창업의 활성화에 큰 역할을 하고 있는데, 킥스타터의 경우 지원자가 자신의 프로젝트 계획과 목표 달성 금액, 투자액에 따른 보상액을 설정해서 올리면 투자자들이 자신이 원하는 만큼 금액을 기부하는 형태다.

대중들에게 십시일반 돈을 모은다는 개념에서 크라우드펀딩(Crowdfunding)이라고 불리기도 하는데 킥스타터에서는 지원자가 프로젝트 전반을 진행하고 모금만 받는다는 개념이라면, 쿼키(Quirky)의 경우 지원자는 상품에 대한 아이디어만 낸다. 여러 아이디어들 중 투표를 하여 매주 일정 개수의 제품이 실제로 쿼키에 의해 상품화된다.

크라우드소싱을 잘 활용된다면, 쓰리디프린터가 개인적으로 만들고 싶은 것을 만들어 내는 도구를 넘어서 기존의 대량 생산 중심의 제조업의 뿌리 자체를 변화시킬 수 있다고 생각한다.

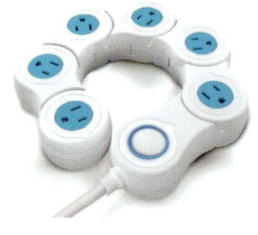
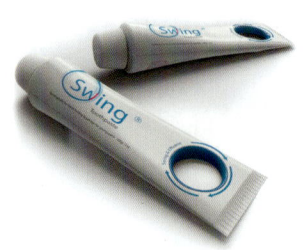
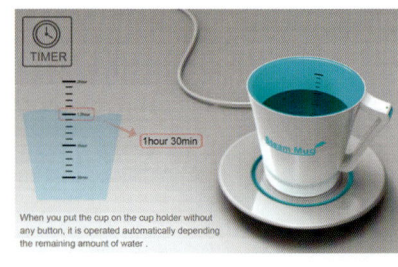

Ⅲ. 3D 프린터 구조 이해하기

1. 3D 프린터에 사용되는 재료의 종류
    1) 폴리머
    2) 금속
    3) 종이
    4) 식재료
    5) 기타

2. 3D 프린터의 적층방식 종류
    1) 압 출 방 식
    2) 분 사 방 식
    3) 광 경 화 방 식
    4) 분말 소결 방식
    5) 직접 레이저 소결 방식

3. 3D 프린터의 종류 및 원리
    1) FDM(Fused Deposition Modeling)
    2) SLA(Stereolihtograph Apparatus)
    3) SLS(Selective Laser Sintering)
    4) polyjet

4. 3D 프린터의 부품(FDM)
    1) 압출기
    2) 스텝모터
    3) 전자제어 장치
    4) 본체 프레임 부분

Ⅲ-1. 3D 프린터에 사용되는 재료의 종류

1) 폴리머

3D 프린터에 사용되는 주 재료는 폴리머, 금속, 종이, 식재료 등 다양하며, 앞으로 그 종류는 더욱 많아질 것이다.

<표 1> 3D 프린터에 사용되는 재료

재료	종류
폴리머	PLA, ABS, HDPE, 폴리스티렌, 나일론, Resin
금속	티타늄, 알루미늄, 코발트-크롬, 스테인리스 스틸 등
종이(Film)	종이, 필름 형태 플라스틱
기타	식재료, 아크릴, 석회가루, 털실, 왁스(밀랍)

(자료 출처 : 한국기계연구원 전략연구실(2013))

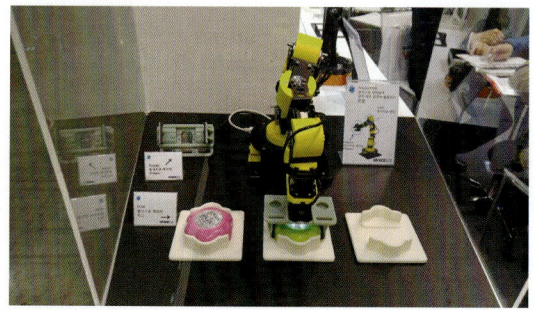

폴리머는 PLA, ABS, HDPE, 폴리스티렌, 나일론, Resin 등을 원료로 한다. 우리가 보는 일반적인 가정용 3D프린터에서 사용하는 재료이다.

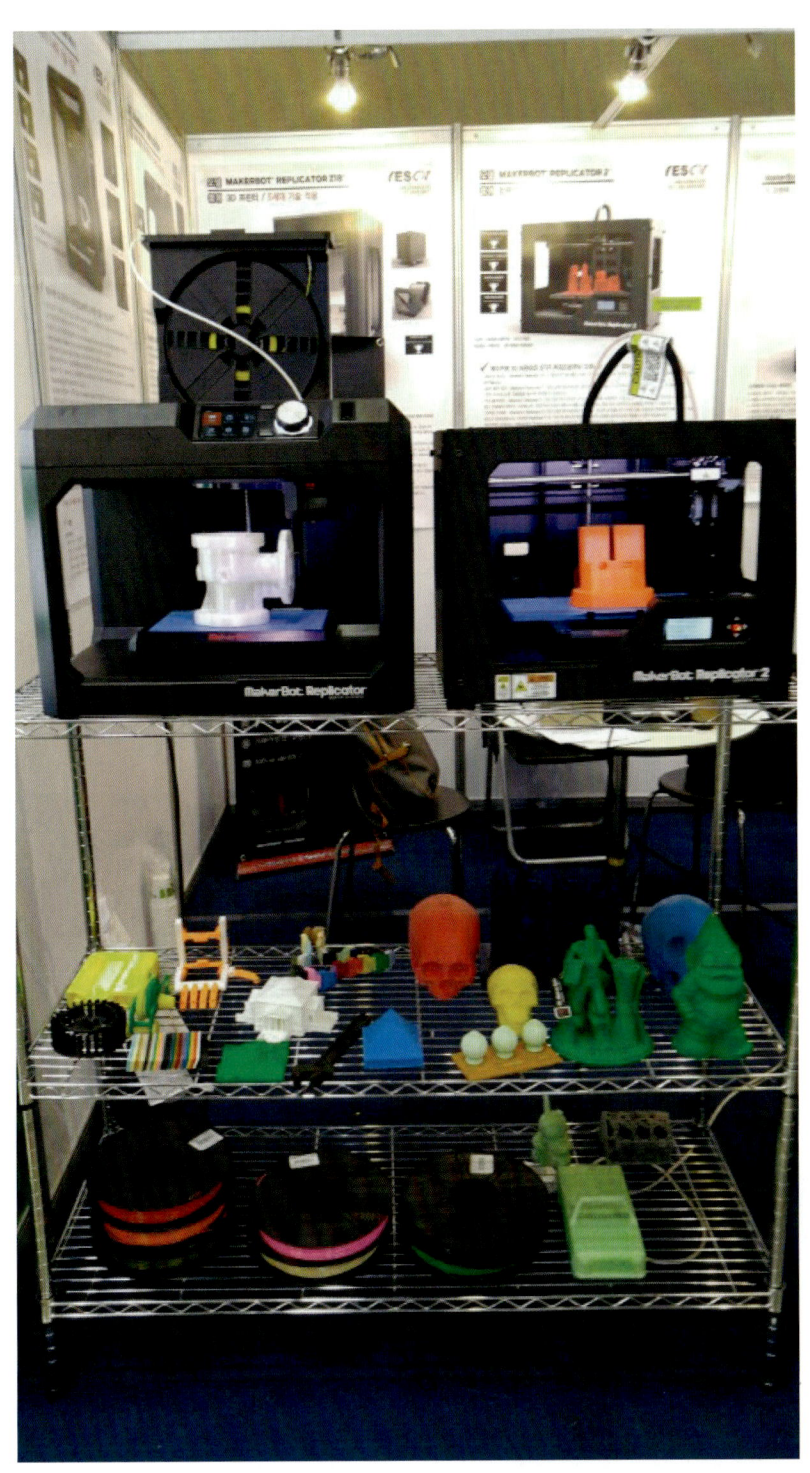

Ⅲ-1. 3D 프린터에 사용되는 재료의 종류

2) 금 속

이러한 플라스틱 종류만이 아니라 티타늄, 알루미늄, 코발트-크롬, 스테인리스 스틸 등 금속 제품도 있다. 금속 제품으로는 자동차, 비행기 엔진과 같은 부품을 바로 만들 수도 있다.

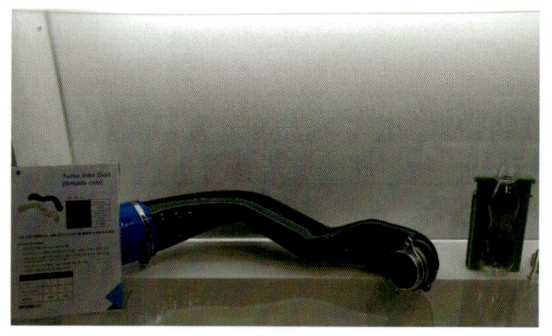

Ⅲ-1. 3D 프린터에 사용되는 재료의 종류

3) 종 이

3D 프린터는 ABS, PLA 등 플라스틱 소재를 원료로 사용하는데 Mcor에서 만든 3D 프린터는 독특하게 종이를 원료로 사용합니다.

 여기서 종이를 녹여서 사용하나 하고 생각할 수 있으나, 그게아닌 커팅 방식을 사용한다. A4나 레터지를 쌓아 놓으면 프린터가 종이를 자르고 컬러를 입혀서 한층씩 작업하는 방식이다.

 장점은 종이의 가격이 비교적 다른 원료에 비해 싸고, 컬러를 마음껏 표현할 수 있으며, 환경 친화적이다. 또, 출력 속도가 일반 가정용 3D 프린터보다 2배정도 빠르다고한다.

 단점이라면 후처리 작업이 약간 귀찮을 수 있다는 것이다. 실제 출력물을 제외한 나머지 부분을 일일히 손으로 떼어내야 하기 때문이다.

Ⅲ. 3D 프린터의 구조 이해하기

Ⅲ-1. 3D 프린터에 사용되는 재료의 종류

4) 식재료

앞에서 보았듯이 다른 분야도 늘어나면서 초콜릿, 약과 같은 먹을 수 있는 재료가 다양해지고 있고 활용도 더 다양해지고있다.

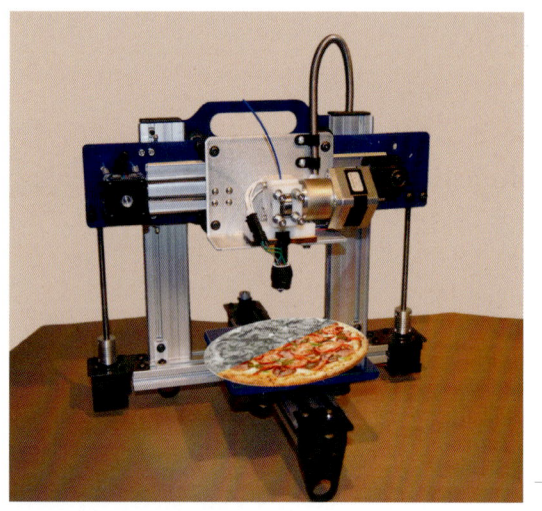
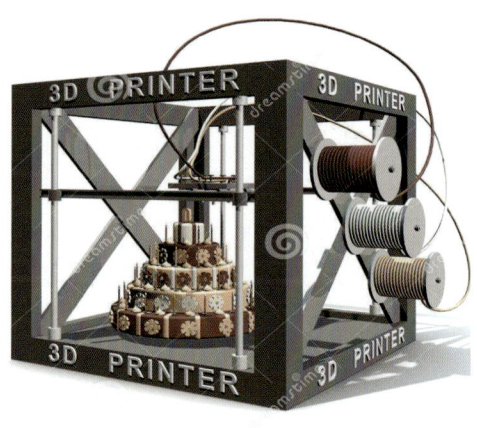

Ⅲ-1. 3D 프린터에 사용되는 재료의 종류

5) 기 타

그 외에 아크릴, 석회가루, 털실, 밀랍 등의 재료도 사용하는 3D 프린터들도 있다.

그리고 미래에는 재료의 종류가 훨씬 다양해질 것이고, 곧 사람과 동물의 몸 속의 장기들을 만들 수 있는 생체성분의 재료들도 사용될 것으로 보인다.

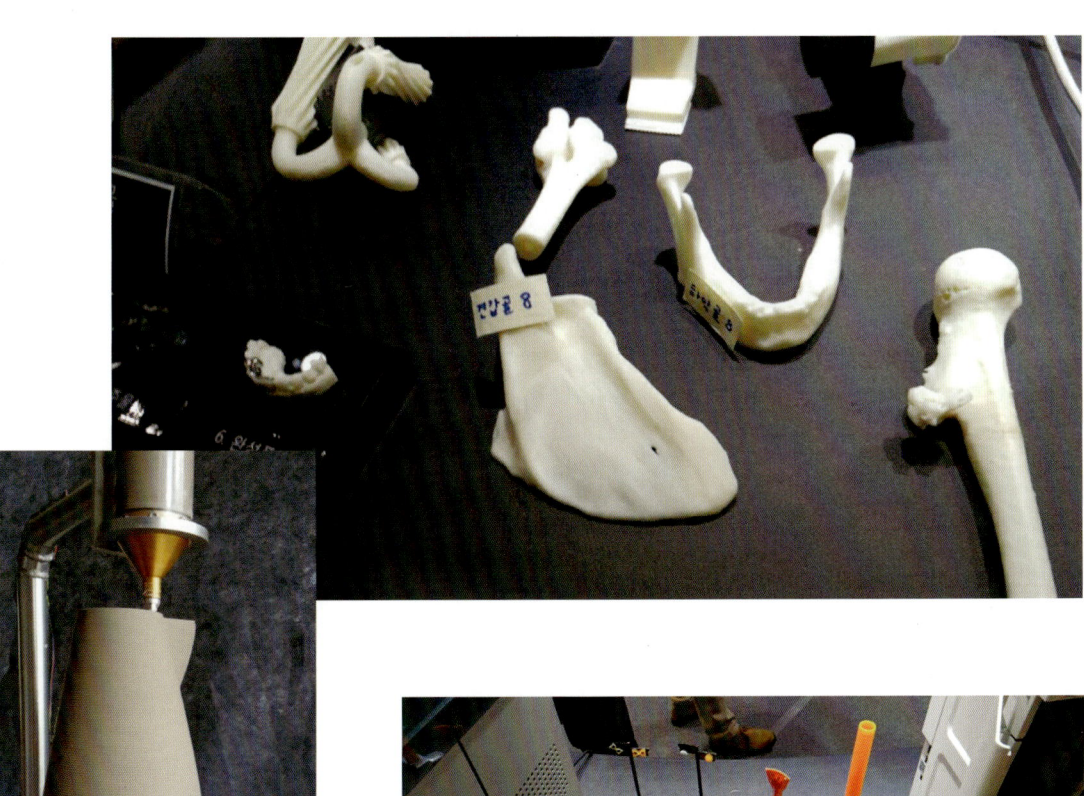

Ⅲ. 3D 프린터의 구조 이해하기

Ⅲ-2. 3D 프린터의 적층방식 종류

1) 압출방식

3D 프린터들은 아래와 같이 폴리머, 금속, 필름 등의 재료를 사용하여 분사, 압출 등과 같은 방법으로 층층이 쌓아 만든다.

<표 2 3D 프린터 적층 방식>

적층 방식	정의	재료
Extrusion (압출)	고체 상태의 재료를 고온으로 가열하고 상온에서 굳는 성질을 이용하여 가공하는 방식	폴리머
Jetting (분사)	액상의 재료를 프린터 헤드를 해서 분사하는 방식	폴리머
Light Polymerised (광경화)	광경하성 플라스틱으로 조형하고 UV광선 등을 조사하여 경화 시키면서 가공하는 방식	폴리머
Granular Sintering (Melting) (분말 소결)	분말형태의 재료를 레이저 등을 통해서 소결시키거나 융해시켜서 분말의 입자끼리 용융이 되도록 하는 가공 방식	폴리머, 금속
Directed Energy Deposition	레이저 등의 에너지원을 활용, 재료를 완전히 녹여서 기존의 구조물 및 손상 부품에 적층하는 방식	금속

Wire (인발)	끝이 좁은 나이스를 통해 생성된 실 형태의 폴리머 재료를 이용해서 이를 조형물 적층에 활용	폴리머
Sheet Lamination (시트 접합)	얇은 필름 모양의 재료를 접착제를 사용하거나 열접착방법으로 접착 시키는 방식	종이 (Film)

(자료 출처 : 한국기계연구원 전략연구실(2013))

압출방식은 대중적인 대부분의 3D 프린터 방식으로 반고체상태의 열가소성 수지를 압출하는 방식이다.

MakerBot사의 Replicator 데스크탑 시리즈

BLUE FROG사의 FDM 방식 3D 프린터

3D SYSTEMS의 Projet 1200

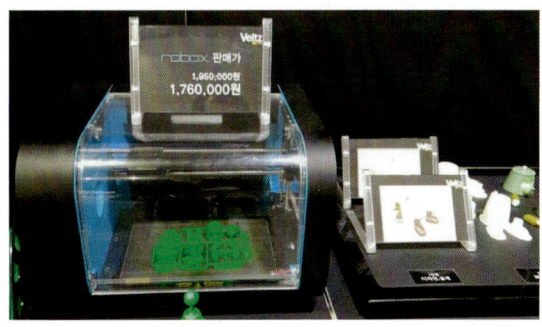

Veltz사의 robox

Ⅲ-2. 3D 프린터의 적층방식 종류

2) 분사방식

분사방식의 대표적인은 폴리젯 방식은 잉크젯 프린터와 비슷하다는 사람들이 있다. 그러나 다른 점들 중 하나는 폴리젯은 3D 프린터가 헤드를 통해 조형 트레이에 미세한 크기의 광경화성 액상 포토폴리머 레이어를 분사하고 즉시 자외선으로 경화하는 작업을 반복해 층을 쌓는다는 것이다.

폴리젯의 장점은 대표적으로 다양한 색상, 단단한 정도까지 조절 가능하다는 것과, 최대 0.1mm의 정밀도로 복잡한 형상까지 출력이 가능하다는 것, 그리고 비교적 빠른 편이라는 것 등이 있다.

3D SYSTEMS의 Projet 260C

3D SYSTEMS의 Projet 3500

Ⅲ-2. 3D 프린터의 적층방식 종류

3) 광경화방식

빛에 반응하는 광폴리머(Photopolymer)에 빛을 비친 부분만 굳게 만들어 물체를 만드는 방식이다. SLA방식이 여기에 속한다.

국내 carima사의 DP 110

국내 carima사의 MASTER EV

Ⅲ-2. 3D 프린터의 적층방식 종류

4) 분말 소결 방식

매우 고운 가루를 굳히서 다른 3D 프린터 처럼 높이를 더해가며 물체를 만드는 방식이다.

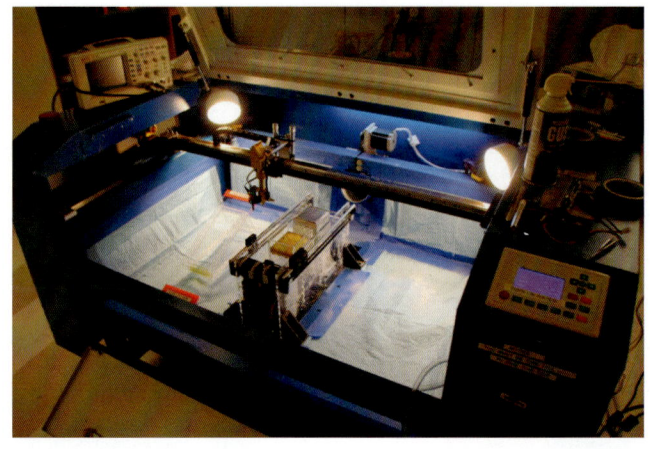

Ⅲ-2. 3D 프린터의 적층방식 종류

5) 직접 레이저 소결 방식

직접금속레이저소결 방식(DMLS, Direct Metal Laser Sintering)은 일반적으로 MLS(Metal Laser Sintering))라고 부르기도 한다.

1989년에 EOS GmbH 일렉트로 옵티컬 시스템즈가 개발한 방식이다.

파이버 레이저가 스테인리스강, 마레이징 강철, 코발트 크로뮴, 인코넬 625 및 718, 티타늄 Ti6Alv4등의 재료를 기판 위로 미세한 금속 분말을 녹이면서 각 층을 다음 층에 녹여 붙여 물체가 완성한다.

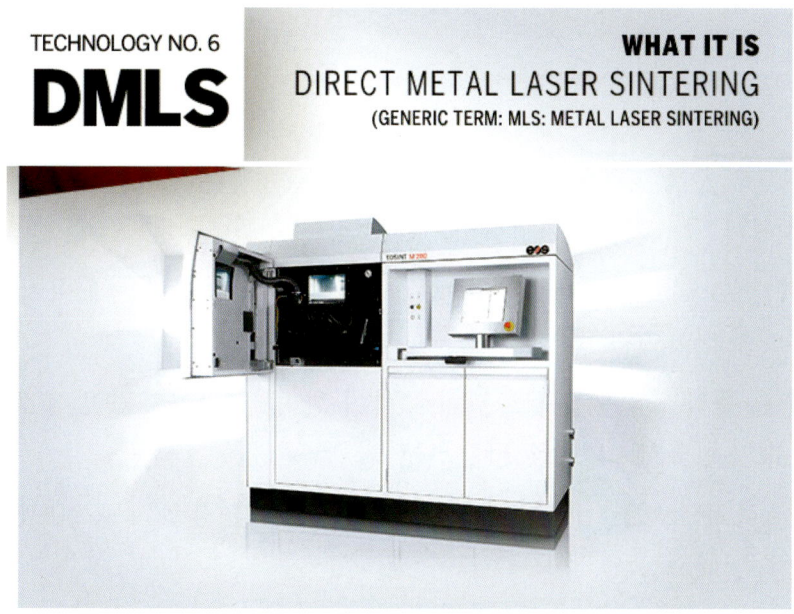

Ⅲ-3. 3D 프린터의 종류 및 원리

1) FDM(Fused Deposition Modeling)

(1) 일반 FDM 3D printer

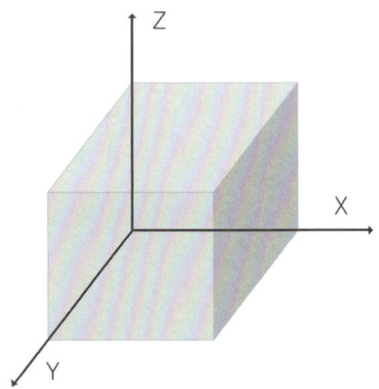

3D프린터는 x축, y축, z축으로 구성되어있다. x, y, z축은 정육면체를 생각해보면 이해가 더 쉽게 된다.

'x=가로(세로) y=세로(가로) z=높이' 이렇게 생각을 하는데 여기서 높이는 면을 겹겹이 쌓아서 만들어진 것이다.

PLA, ABS, 플라스틱 등을 압출장치로 녹여 한 층씩 쌓아가는 방식이며 가격이 저렴하고 가장 많이 사용하는 방식이다.

여기서 PLA란, Poly Lactic Acid의 줄인 말이며, 친환경 소재로 100% 자연분해가 가능한 소재이고, 굽힘 응력이 낮다.

또 하나의 원료인 ABS는 Acrylonitrile Butadience Styrene의 줄인 말로 석유추출물이 주재료로 PLA보다 단단하고 윤이나며 굽힘응력이 강해 충격에 강하다.

일반적인 FDM 3D프린터는 크게 보우덴 방식과 다이렉트 방식 두 종류가 있다.

보우덴 방식	다이렉트방식
헤드와 압출모터가 분리되어있어서 노즐부분이 가벼워져 고속프린팅에 좋다. 듀얼노즐에 적합하다. 헤드와 압출모터의 거리가 멀어 출력 품질이 조금 떨어진다.	압출모터가 노즐에 가까워 출력 품질이 좋다. 헤드가 무거워져서 출력속도가 느리다. 필라멘트를 감싸는 테프론 튜브가 불필요해 필라멘트를 교체할 때에 용이하다.

ORD Solutions에서 만든 RoVa 3D 프린터는 헤드가 5개로 5가지의 다른색을 사용할 수 있다

III. 3D 프린터의 구조 이해하기

(2) Delta 3D프린터

Delta 3D프린터는 FDM방식이어서 똑같이 FLA, ABS 플라스틱을 원료로 사용한다.

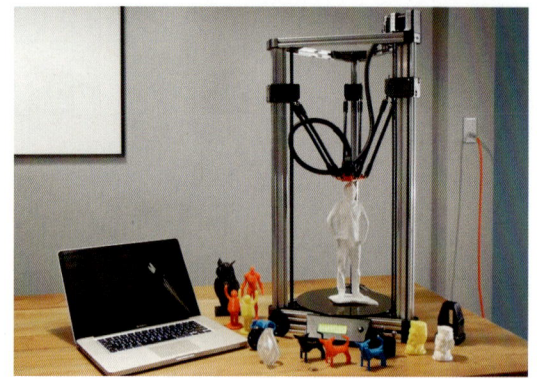

그러나 delta 3D프린터는 일반 FDM 3D 프린터랑 다르게 z축이 높이를 담당하지 않고 x, y, z 축 모두가 가로, 세로, 높이를 동시에 담당한다.

그리고 x, y, z 각 축에 모터가 정해져 있지 않다. 압출기(몸)를 움직이는 모터는 3개만 사용되고, 대체적으로 위로 길어서 일반FDM 3D프린터보다 부피를 덜 차지한다.

Delta 3D프린터

delta 3D프린터 중에는 일본에서 제작된 4m나 되는 거대 delta 3D프린터도 있다.

거대한 delta 3D 프린터

2) SLA(StereoLithography Apparatus)

 조형물에 반석이 되는 베드를 포토폴리머 레진이 담긴 통에 넣고 조형물 횡단면의 형태대로 uv 레이저를 쏘아주면 uv레이저로 공급된 에너지가 포토폴리머 레진의 화학반응을 유도하면서 고체화 된다.

 여기서, 포토폴리머 레진이란 빛에 닿으면 고체화 되는 물질로 흔히 레진으로 불린다.

 SLA방식은 정교하다는 장점이 있으나 사용가능한 원료나 색상에 제한이 있고, 원료가 구입하는데 비용이 비싸다는 단점도 있다.

III-3. 3D 프린터의 종류 및 원리

3) SLS(Selective Laser Sintering)

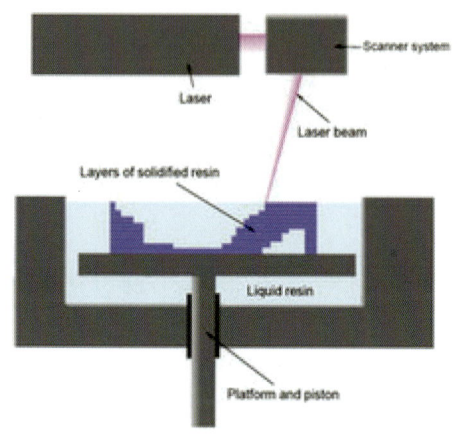

SLS는 수많은 작은 입자의 플라스틱이나 금속, 세라믹 또는 유리를 사용하며 분말(플라스틱, 금속, 유리등)을 높은 열의 레이저로 녹여 한층 씩 쌓는 방식이다.

한 층씩 분말을 갈아가며 레이저로 가열해 조형하면 파우더 베드가 낮아지며 다음 층에 열을 가해 조형을 한다. SLA방식과 비슷하지만 여분의 분말로 조형체가 덮여 있어 서포터가 없어도 된다는 것이 장점이다.

그러나 인쇄가 끝난 후에 덮여있는 분말체를 털어내는 후처리과정이 필요하고, 레이저가 700도가 넘어 안전사고가 날 수 있는 위험이 있다.

4) Polyjet

폴리젯은 포토폴리머(광경화성수지)를 분사시키면서 동시에 자외선램프에 의해 굳히고, 또 위에 분사시키고 굳히는 작업을 반복하여 조형물을 만드는 방식이다. 폴리젯이란 이름은 원료인 포토폴리머와 원료를 분사시키는 것이 일반 프린트같은 잉크젯과 비슷하다고 해서 생긴 이름이다.

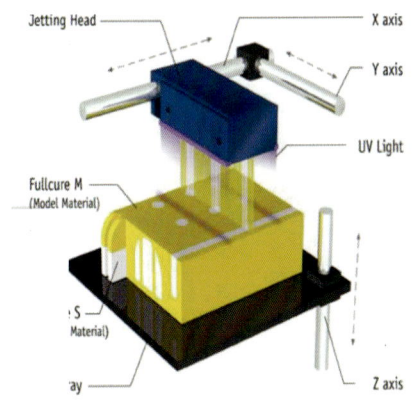

폴리젯은 적층두께가 0.03mm~0.016mm로 아주 정교하고, 여러 가지 색과 재료를 서로 섞거나 다른재료를 같이 출력이 가능하며, 출력속도도 빠른편이다.

III. 3D 프린터의 구조 이해하기 83

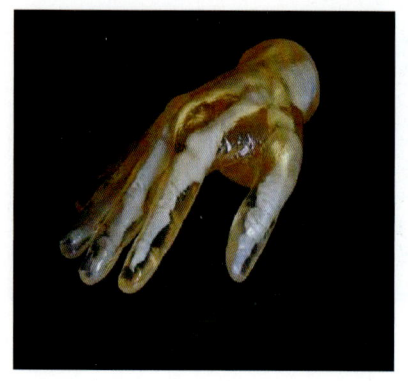

투명하게 출력이 가능하여 이렇게 사람의 손을 뼈의 모습도 보이게 출력이 가능하다.

영화 robocop에 폴리젯 3D 프린터로 만든 수트를 사용

stratasys에서 폴리젯으로 오버몰딩을 한 악력기

■ FDM과 Polyjet의 플라스틱 비교

FDM	Polyjet
높은 내구성 - ABS 수지 사용(열가소성 수지) - 양산품에 준하는 품질 - 반투명 재질 기능성 - 정전기 방지 - 뛰어난 강성 - 치공구 제작 사용성 - 뛰어난 강성 - 인체에 무해 - 음식, 양재용 포장재 - 바로 사용 가능 고성능 - 뛰어난 난연성 - 높은 내화학서 - 낮은 독성 - 완성품 제작 가능	경질재료 - 다목적 반투명재료 - PP와 유사한 재료 - 높은 내열성을 지닌 재료 - ABS와 유사한 재료(광경화성 수지) - 투명재료 연질재료 - 높은 시장도 - 다양한 강도 - 높은 인열저항 의료용 재료 - 보청기용 재료 - 투명재료 - 치과용 재료 복합재질 - 미리 지정된 디지털재료

(자료 출처 : Stratasys)

Ⅲ-4. 3D 프린터의 부품

prusa mendel i3 Lion과 부품

Prusa Mendel i3 Lion은 오픈소스 Reprap 3D 프린터 Prusa Mendel의 세 번째 버전을 기반으로 노즐과 LCD 및 보빈홀더등을 일체형으로 사용성을 개선시킨 i3 Lion버전이다.

prusa mendel i3 Lion을 만들기 위해 부품은 압출기, 스텝모터, 전자제어 장치, 프레임 부분 등이 필요하다.

- 압출기는 원료를 녹여서 노즐로 내보내는 장치로 여기서는 mk8 모델을 사용한다.
- 스텝모터는 압출기와 열판을 x, y, z 축으로 정확히 움직이는 장치로 일반적인 FDM 방식은 4개가 필요하다.
- 전자제어 장치는 두뇌 역할을 담당하는 부분으로, Arduino Mega 2560, RAMPS, power supply, Endstop switch, Stepstick, LCD Control 등의 프린터의 두뇌 기능을 수행하는 부품들이 있다.
- 프레임 부분은 몸체 부분으로, 프레임, 전산볼트와 연마봉 프레임부, 볼트-너트, 히팅베드 부품 등 3D 프린터의 몸체에 속하는 부품들이 있다.

 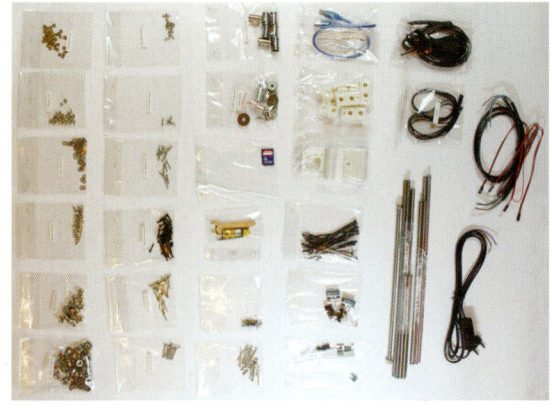

Ⅲ-4. 3D 프린터의 부품

1) 압출기

(1) 압출기란
 원료를 녹여서 노즐로 내보내는 장치이다. 압출기 노즐의 직경은 대게 1.75mm 와 3mm가 있는데, 노즐 직경의 크기에 따라 만들어지는 제품의 종류와 외형의 섬세함이 달라진다.

(2) 다양한 압출기들

① GOLIAT

압출기 전체를 알루미늄으로 제작한 GOLIAT 압출기는 지난 2013년 폴란드 Fablab 포럼을 통해 처음 공개된 것으로 지금까지 여러 종류의 3D 프린터들을 통해 수 백 시간의 테스트 과정을 거쳐오면서 얼리어답터들의 의견을 수용해 단계적으로 보완되어왔다.

 GOLIAT 압출기는 NEMA 17 스테퍼 모터로 구동되고, 1.75 mm 에서 3 mm 사이의 필라멘트를 지원하며, 금속 덩어리를 통채로 가공하여 만든 높은 내구성의 J-Head hot end를 사용하고, 40 mm x 40 mm 규격의 팬을 장착할 수 있는 공간이 있다.

② PVC 압출기

3D 프린터 키트 GT5 압출기 1.75mm 또는 3mm ABS 필라멘트 0.35/0.4mm 노즐 reprap 3D 프린터 부품

Ⅲ. 3D 프린터의 구조 이해하기

③ 세라믹 압출기

하나의 예로 3D 프린터 제조사 델타봇츠에서 출시한 3D 포터봇은 페이스트 익스트루전 기술이 사용된 세라믹 3D 프린터로 델타 3D 프린터 구동방식이다. 도자기같은 생활용품을 만드는데 쓰인다고 보면 된다.

(3) MK8을 선택한 이유
영국 makerbot에 사용되는 동급 제품으로 기존 prusa mendel i3의 압출기보다 재료적인 성질을 더욱 개선시켜 안정적인 제품이기 때문이다.

(4) 압출기 사용시 주의할 점
압출기 노즐사이에 필라멘트가 남아있는 상태로 굳지 않게 해야 한다. 그렇게 굳어버린다면 유투브같은곳에 노즐을 청소해 뚫는 방법을 찾아 하거나 노즐을 새로 교체해야 한다.

(5) 압출기 홀더
압출기 홀더는 아크릴 제질로 만들어 져 있으며 6개의 조각들로 나누어져 있다.

Ⅲ-4. 3D 프린터의 부품

2) 스텝모터

(1) 스텝모터의 위치

prusa mendel i3 Lion에는 총 4개의 스텝모터가 들어가는데, 1개는 X축, 1개는 Y축, 나머지 2개는 Z축에 들어간다.

X축은 프린터의 중간에서 왼쪽에 위치하고, Y축은 뒤쪽에서 아랫부분에 위치하고, Z축은 왼쪽과 오른쪽 각각 아랫쪽에 위치한다.

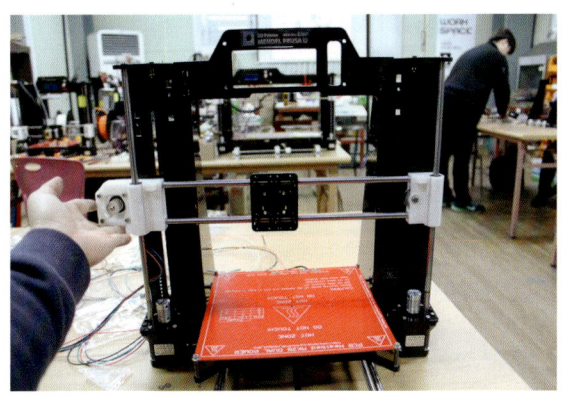

(2) 다른 모터들과의 차이점

스텝모터의 로더(돌아가는 부분)는 특정한 각도나 한 단계(step)씩 움직이는데 최소 단계별로 1.5°까지 정밀하게 제어할 수 있다.

(3) 스텝모터 홀더

X축 스텝모터 홀더

Y축 스텝모터 홀더

Z축 스텝모터 홀더. 왼쪽 오른쪽 2개의 스텝모터홀더가 있다.

Z축 스텝모터 홀더

Ⅲ-4. 3D 프린터의 부품

3) 전자제어 장치

prusa mendel i3 Lion에 사용된 전자 제어 장치들은 두뇌의 역할을 하는 매우 중요한 부품들이다.

(1) Arduino Mega 2560

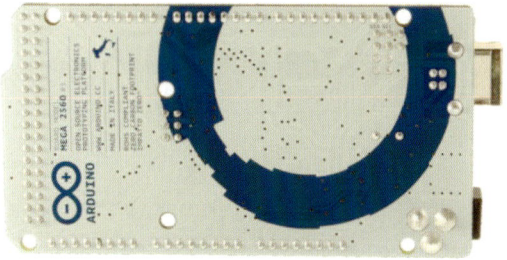

위 아두이노 설명에서 본것처럼 크기도 크며 그만큼 고성능이며 많은 핀들이 있다.

표준 아두이노 보드인 UNO의 고성능 버전으로 기본 보드에 들어가는 ATMega328 칩을 ATMega2560 칩으로 교체하여 프로그래밍 가능한 메모리 용량이 8배로 늘고, 아날로그입력은 16개 지원가능하고, 디지털 입출력 핀이 54개로 늘어났고, 하드웨어로 지원되는 시리얼포트가 4개이다.

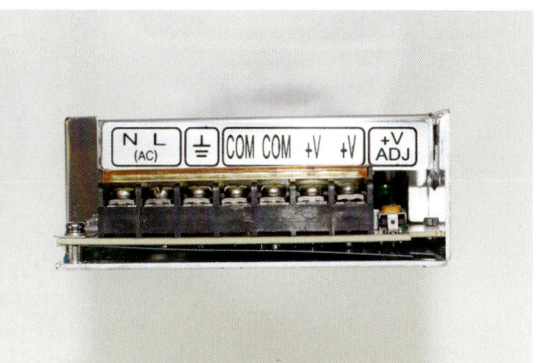

(2) power supply

RAMPS에 전원을 공급해주는 장치이다.

(3) RAMPS

RAMPS란 RapRep Arduino Mega Pololu Shield의 줄임말로 RepRap 3D 프린터 용으로 제작된 아두이노 메가 쉴드이며 아두이노 메인보드의 기능을 확장 시켜 led, lcd, 스텝모터들, 엔드스톱 스위치, power supply를 연결시켜주는 장치이다. 스텝 모 터 드라이버 및 extruder control electronics를 꼽아 사용할 수 있게 디자인되었다.

아래는 Arduino Mega 2560에 RAMPS를 올린 모습이다.

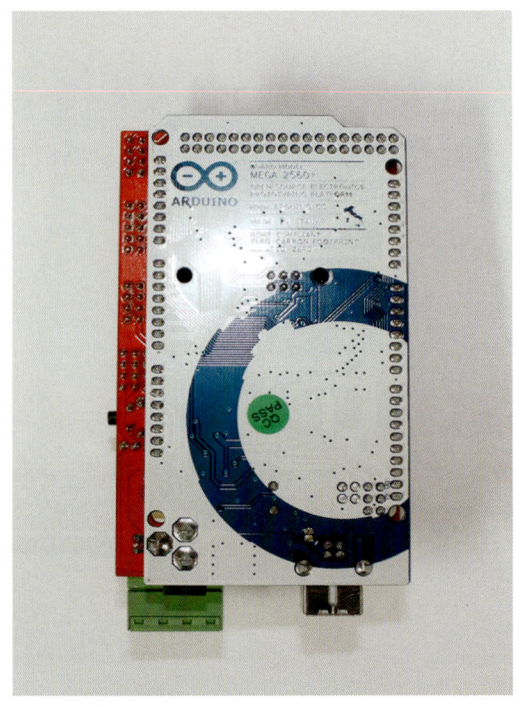

RAMPS에 선들을 연결할 구조 사진이다. LCD, XYZ축 스텝모터들, 엔드스톱 스위치, 전원부, 압출기와 쿨링팬등을 연결할 수 있는 핀들이 구분되어 있다.

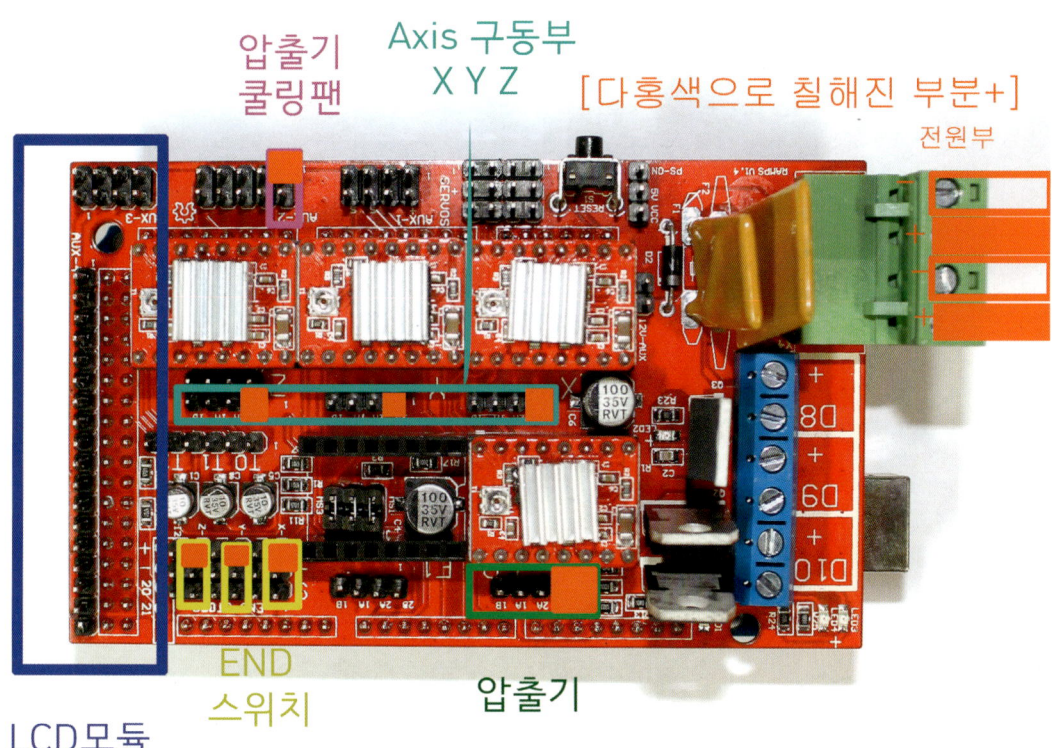

(4) Endstop switch

각각의 X, Y, Z축들의 각 축에 끝에 고정하는 센서로, 매우 작고 간단한 회로보드이다.

3D 프린터에서 0점을 인식시켜주는 매우 중요한 기능을 담당해준다. 압출기나 히팅베드가 움직이면서 엔드스탑스위치를 누르게 되면 0점에 도달했다고 메인보드에 데이터를 전송한다. 엔드스탑스위치가 없다면 0점인식과 위치인식이 잘 되지 않아 출력물이 잘 출력되지 않을 것이다.

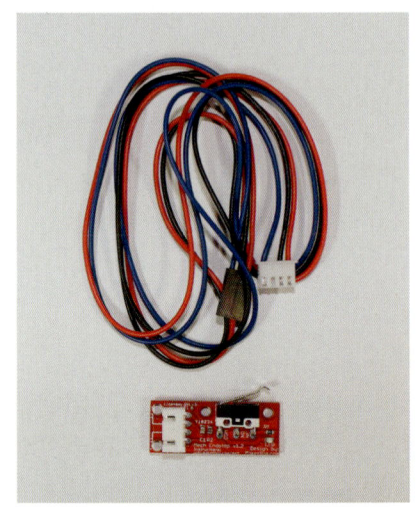

(5) Stepstick

(6) LCD Control

lcd 컨트롤러는 쉽고 간단히 3D 프린터의 상태를 시각적으로 볼 수 있게 해주는 장치이다.

노즐과 베드의 온도 등의 상태, SD카드에서 STL파일을 선택하는 등의 작업을 할 수 있게 도와준다.

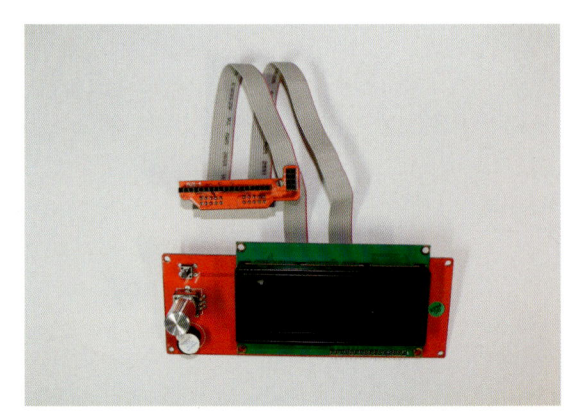

Ⅲ-4. 3D 프린터의 부품

4) 본체 프레임 부분

(1) 아크릴 프레임
 프레임부분은 크게 두경우로 나누어 설명을 할 수 있다.

 먼저 3D Step사등 3D 프린터 제조회사의 아크릴 프레임을 사용하는 경우와 사용하지 않는 경우이다.

 3D 프린터가 있거나 사용을 할 수 있는 경우는 필요한 부품을 출력하여 제작을 할 수 있으나, 그렇지 않은 경우는 3D Step사같은 3D 프린터 제조회사의 아크릴 프레임과 같은 제품을 이용하는 것이 시행착오를 줄일 수 있다고 생각한다.

 이 책에서 3D Step사의 아크릴 프레임을 사용하는 이유는 다음과 같다.

① 첫 제작의 어려움
처음 3D 프린터를 만드는 경우에는 기본적인 프레임의 구조, 크기등을 잘 모르기 때문에 제작할 때 어려울 수 있다.

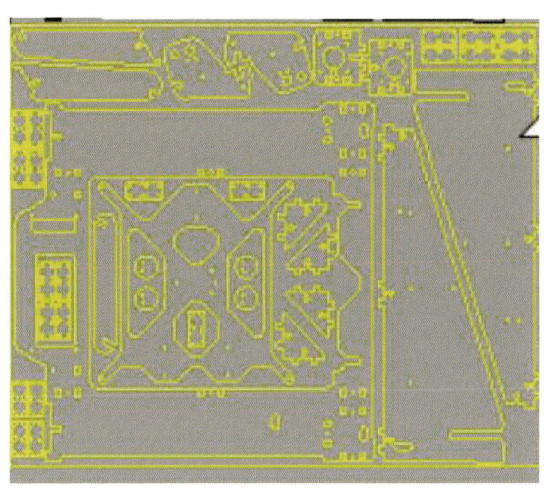

② 정밀도
3D프린터나 레이저 커팅은 정밀하게 잘 만들어지는 편이나, 직접 제작하는 경우 정밀도가 조금 떨어질 수 있다.

③ 익숙해 진 후의 개선작업의 예
나중에 익숙해진다면 3D 프린터의 프레임 크기를 늘려 출력가능 크기를 더 늘려 최대 출력물의 크기를 키울 수 있게 된다.

(2) 프레임 출력부품 (3D프린터로 자체 인쇄할 수 있는 부품)

부품명	개수	비고
Base (Y-Corner)	4	113쪽
Y belt Motor	1	113쪽
Y belt	1	
Y bed	3	
Y bed belt	1	
X belt	1	128쪽
X Motor	1	
X Extruder 4hole	1	
end switch holder	3	136쪽
압출기 홀더	1	111쪽

① 프레인부 소스파일과 용도:

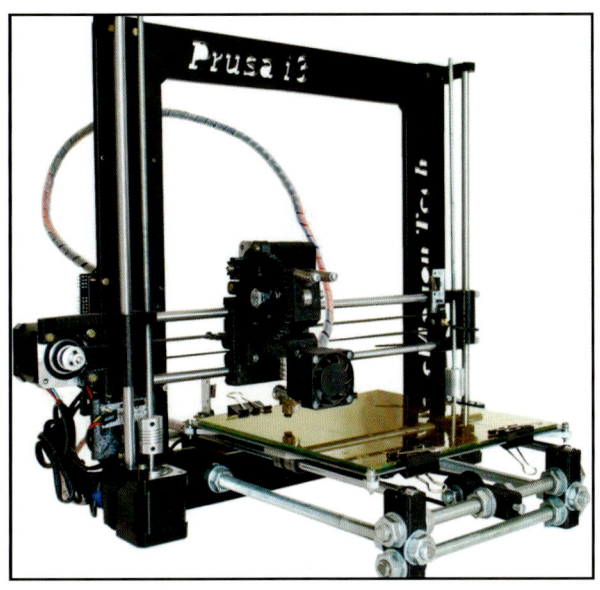

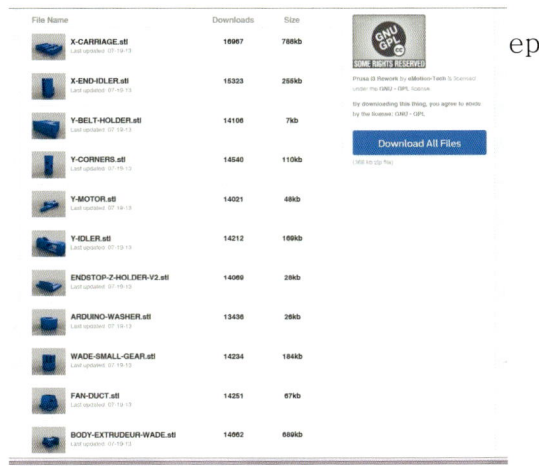
ep
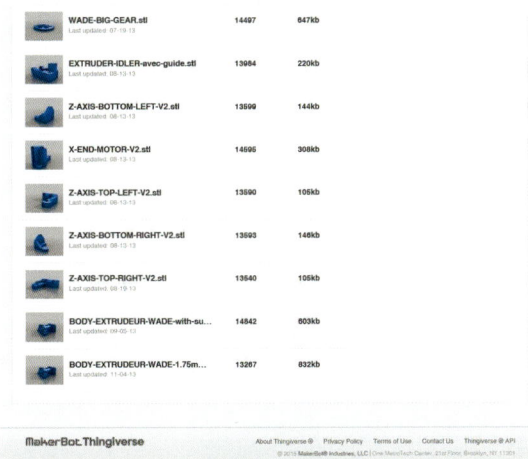

III. 3D 프린터의 구조 이해하기 97

㉠ X 축 프레임부 부품

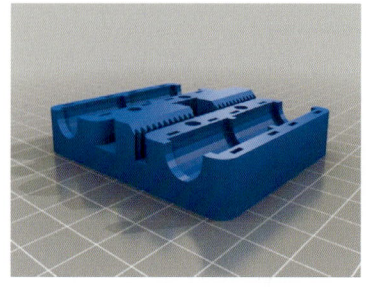
X-Carriage (115쪽)

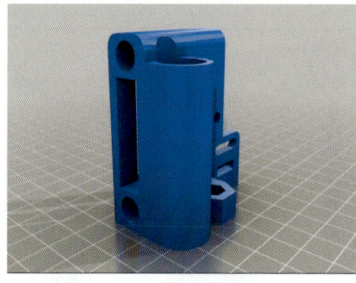
X-End-Motor (128쪽)

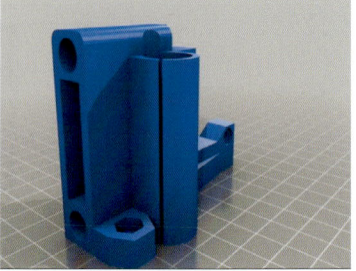
X-End-Idler (128쪽)

㉡ Y 축 프레임부 부품

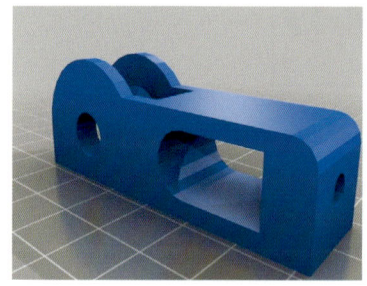
Y-Idler (120쪽)

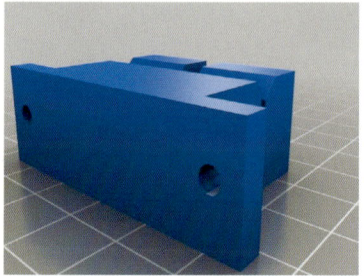
Y-Belt-Holder (122쪽)

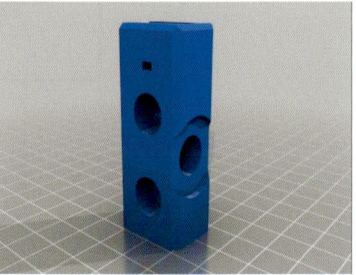
Y-Corners (113쪽)

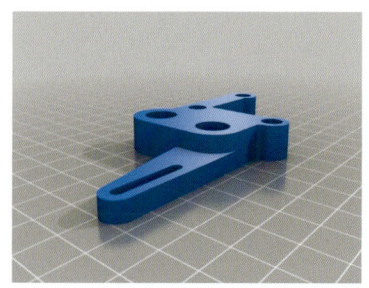
Y-Motor (121쪽)

㉢ Z축 프레임부 부품

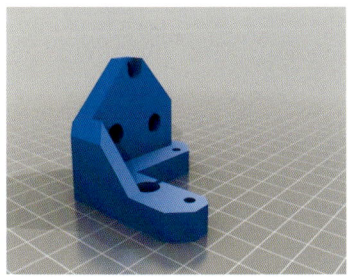
Z-Axis-Bottom-
Right-V2(110,137쪽)

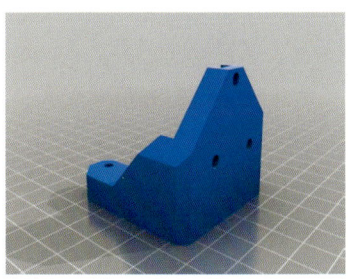
Z-Axis-Bottom-
Left-V2 (110,137쪽)

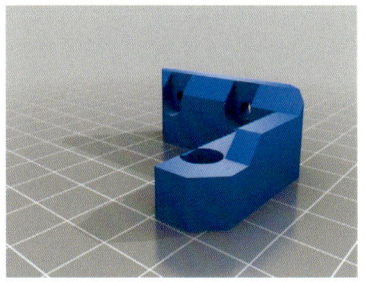
Z-Axis-Top-Left-V2
(110,137쪽)

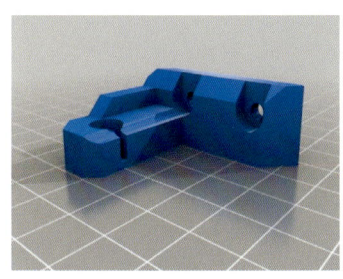
Z-Axis-Top-
Right-V2 (110,137쪽)

㉣ 압출기 부품

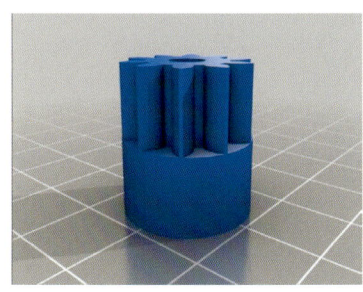
Wade-Small-Gear
(111,139쪽)

Wade-Big-Gear
(111,139쪽)

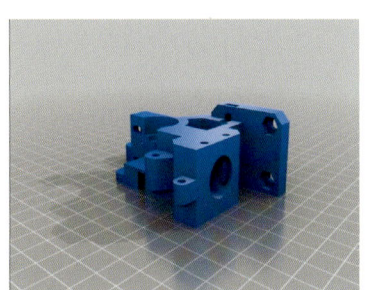
Body-Extrudeur-
Wade-with-support
(111,139쪽)

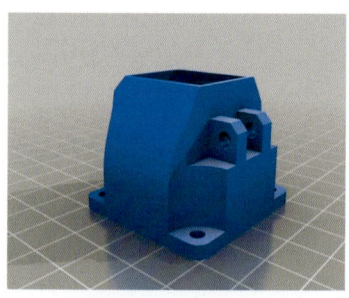 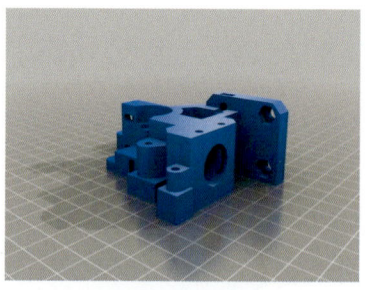 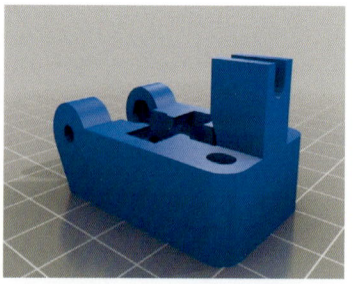

Fan-Duct (111,139쪽) Body-Extrudeur-Wade-1.75(109쪽) Extruder-Idler-avec-guide (111,139쪽)

ㅁ 기타 부품

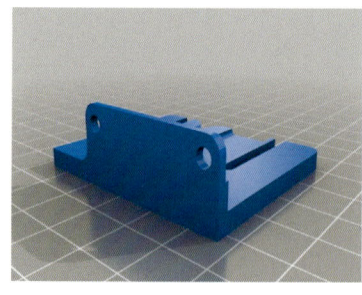 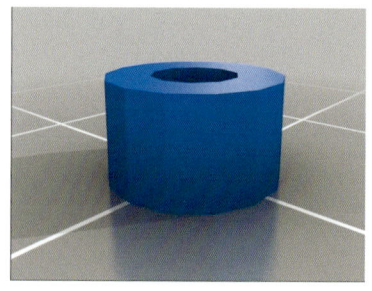

Endstop-Z-Holder-V2 (136쪽) Arduino-Washer(138쪽)

(3) 전산볼트와 연마봉 프레임부

부품명	개수	그림
연마봉 (Ø8 × 320㎜)	2	
연마봉 (Ø8 × 350㎜)	2	
연마봉 (Ø8 × 370㎜)	2	
전산볼트 (M5 × 300㎜)	2	
전산볼트 (M8 × 200㎜)	3	
전산볼트 (M8 × 260㎜)	1	
전산볼트 (M8 × 385㎜)	2	

(4) 이동부품

부품명	개수	그림
LM8UU linear 베어링	11	
624 ball 베어링	1	
608 ball 베어링	4	
GT2 벨트(760 ㎜)	1	
GT2 벨트(9000 ㎜)	1	
Couple	2	
NeMa	5	
GT2 P	2	

(5) 볼트-너트, 고정해주는 부품

부품명	개수	그림
나사 (M3×14㎜)	41	
나사 (M3×30㎜)	7	
나사 (M3×60㎜)	2	
나사 (M4×20㎜)	6	
나사 (M8×30㎜)	1	
나사 (M8×20㎜)	1	
민머리 나사 (M8)	5	
너트 (M3)	33	
너트 (M4)	6	
너트 (M5)	2	
너트 (M8)	1	
너트 (M10)	34	
나일론 너트 (M8)	1	
와셔 (Φ3㎜)	53	
와셔 (Φ8㎜)	6	
와셔 (Φ10㎜)	34	
플라스틱 타이	-	

(6) 히팅베드 부품

부품명	개수	그림
열판	1	
유리판	1	
3D 프린터 흡착 테이프	1	
클립	4	
열가변저항기(서미스터)	1	

Ⅳ 3D 프린터 만들기

Prusa mendel i3 Lion 만들기

1. 만들기 순서
2. 필요한 공구
3. 만들기
   1) 아크릴 몸체 프레임과 압출기 고정틀 조립하기
   2) Y축 구동부 조립하기
   3) 이동부품 (X-Carriage) 조립하기
   4) 스텝모터에 Couple과 GT2 P 연결하기
   5) 열판(히팅베드) 부분 조립하기
   6) 엔드스위치 조립하기(Y축)
   7) X, Z축 구동부 조립하기
   8) Y축 구동부와 몸체 조립하기
   9) LCD 컨트롤러와 LED 부착하기
   10) Z축, X축 엔드스위치 조립하기
   11) 압출기와 홀더 조립하기
   12) 메인보드(아두이노), 전자장치 연결

Ⅳ. Prusa mendel i3 Lion 만들기

1. 만들기 순서

① (아크릴) 몸체 프레임 조립

⇓

② Y축과 열판(Heat Bed) 구동부 설치

⇓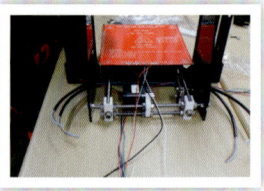

③ X, Z축 구동부 설치

⇓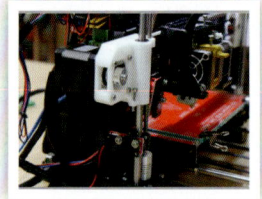

④ 메인보드(아두이노) 전자장치연결(결선)

⇓

⑤ 전체 사항조율 후 시동 및 테스트

IV. Prusa mendel i3 Lion 만들기

2. 필요한 공구

- 육각렌치

- +드라이버

- 라이터

- 와이어 절단기

- 뻰치

- 니퍼

- 전선 스트립퍼

Ⅳ-1. Prusa mendel i3 Lion 만들기

3. 만들기

1) 아크릴 몸체 프레임과 압출기 고정틀 조립하기

[개 요]

몸체 프레임은 사람 몸에서 뼈에 해당하는 부분으로서 전자제어장치, 스텝 모터 등을 고정한다.

   프레임이 안정적이고 오차가 없어야 출력물이 안정적이고 정밀하게 출력된다. 그래서 레이저를 이용하여 정밀하게 제작된 아크릴 몸체 프레임을 이용하여 만드는 것이 좋다.

   몸체뿐만 아니라 모든 아크릴 부품을 나사와 너트로 조립할 때 너무 세게 조이면 부러질 수 있으니 적당히, 그러나 흔들리지 않게만 꽉 고정해준다.

① 아크릴 본체 조립하기

기본 사각 프레임에 열판 고정틀, Z축(스텝모터와 전산볼트) 고정틀 부분을 왼쪽의 그림처럼 조립한다.

각각 아크릴 부분을 끼운다음 사각 너트와 볼트로 단단히 고정시켜 주어야 한다.

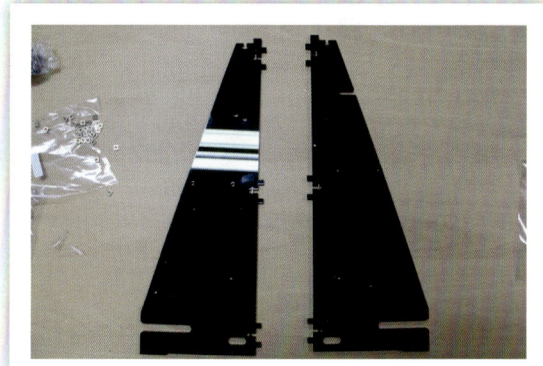
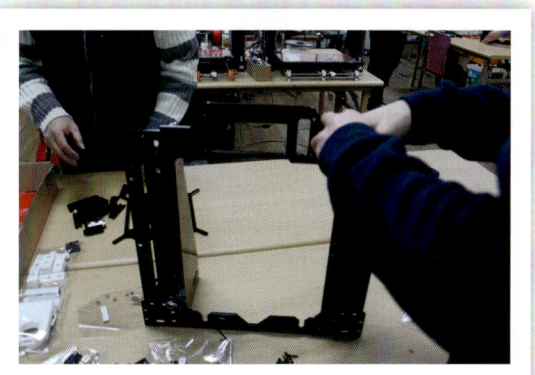

Ⅳ. 3D 프린터 만들기

② Z축 스텝모터 홀더 조립하기

Z축 스텝모터 하단 고정 틀을 나사와 사각너트로 조여서 조립한다.

③ Z축 스텝모터 홀더와 아크릴 몸체 조립하기

이 아크릴 프레임을 이용하면, 수평 균형이 잘 맞고, 오차가 적어 처음 3D 프린터를 제작하는 사람이 3D 프린터의 작동원리를 이해하는데 큰 도움이 된다.

그러나, 보다 큰 결과물을 얻기 위해 크기를 변형하는 것이 어렵다는 단점이 있다.

⑷ 압출기 고정 틀을 조립하기

압출기 고정 틀을 나사와 사각너트로 조여서 조립해 준다.

2) Y축 구동부 조립하기

[개 요]

Y축 구동부 조립에서는 스텝모터 1개와 베드가 조립되기 위한 부품들을 조립하고, 스텝모터와 베드는 조립하지 않기 때문에 고정할 때 너무 꽉 고정할 필요가 없다.

Y축 구동부에 사용될 이 부품들은 3D 프린터가 있으면 직접 출력한 것을 사용한다.(첨부 참조)

또한 스텝3D 등 기타 판매처에서 구매하여 사용할 수도 있다.

① Y축 구동부 좌우 전산볼트 조립

Y축 구동부의 좌우에 사용될 전산볼트에 볼트와 와셔를 그림처럼 연결하여 2개를 만든다.

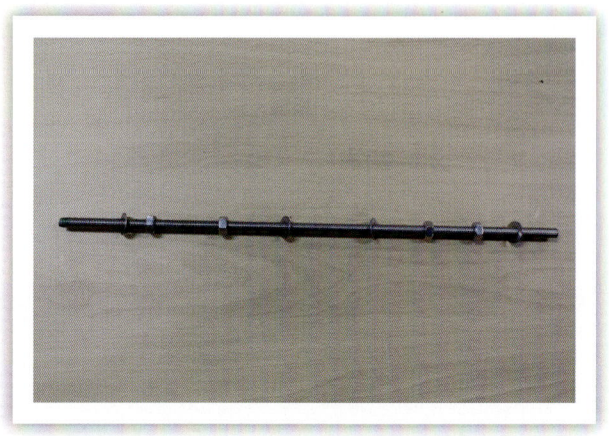

② Y축 구동부 상하 전산볼트 조립

Y축 전산볼트1개에 짧은 전산볼트1개를 그림과 같이 Base 2개, Y belt Motor 홀더 1개를 이용하여 조립한다.

나머지 Y축 전산볼트2개에 전산볼트 1개를 이용하여 Base 2개, Y belt 베어링 부분을 이용하여 조립한다.

③ Y축 상하와 좌우 조립하기

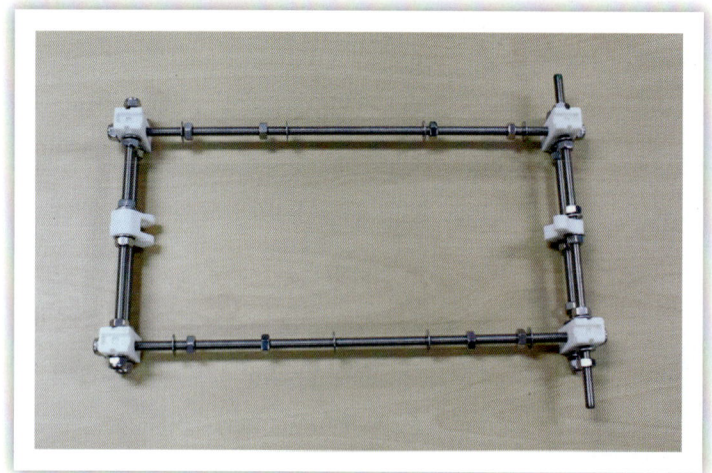

상하와 좌우를 조립한 Y축 구동부의 모습이다.

아직 Y축 구동부에 이동부품, 베드 등을 조립하지 않았기 때문에 사진처럼 헐렁하게 조립해두어도 된다.

3) 이동부품 (X-Carriage) 조립하기

[개 요]

이동부품은 베어링과 아크릴을 조립해서 만드는 부품으로, 나중에 압출기 홀더와 연결되는 부품이다.
플라스틱 타이로 꽉 조여주어야 나중에 분리되지 않는다.

이동부품은 압출기가 원활하게 움직일 수 있게 해주는 베어링과 베드와 고정하는 아크릴을 조립해서 만드는 부품이다.

베어링과 아크릴이 분리되면 안되기 때문에 단단히 묶어주어야 한다.

4) 스텝모터에 Couple과 GT2 P 연결하기

[개 요]

스텝모터는 전산볼트와 벨트랑 연결할 수가 없기 때문에 서로 연결을 시켜주는 부품인 Couple과 GT2 P와 연결해야한다.

Couple은 전산볼트와 스텝모터를 연결해주는 부품이고, GT2 P는 벨트와 스텝모터를 연결해주는 부품이다.

스텝모터에 Couple과 GT2 P을 끼운 다음에 Couple과 GT2 P에 있는 구멍을 육각렌치로 돌리면 조여지면서 고정이 된다.

GT2 P는 고정해도 되지만 Couple에는 전산볼트를 끼우지 않았기 때문에 Couple은 고정하지 말고 나중에 전산볼트를 끼운 뒤에 고정하는 것이 좋다. 각각 2개가 필요하다.

2개를 만든다

2개를 만든다

5) 연판(히팅베드) 부분 조립하기

[개 요]

Y축 구동부에 출력물이 올라가는 베드가 있기 때문에 출력물의 품질과 직결된다.
 따라서 Y축 구동부와 베드를 조립해준 다음 Y축 구동부의 수평을 맞추어 주기 위해 전산볼트와 너트를 풀어주었다가 조여주기를 반복해가면서 뜨지 않게 해주어 직사각형 모양의 Y축 구동부의 네 꼭짓점이 다 바닥에 닿을 수 있도록 해준다.

Y축 구동부와 베드를 연결하는 과정의 그림이다.

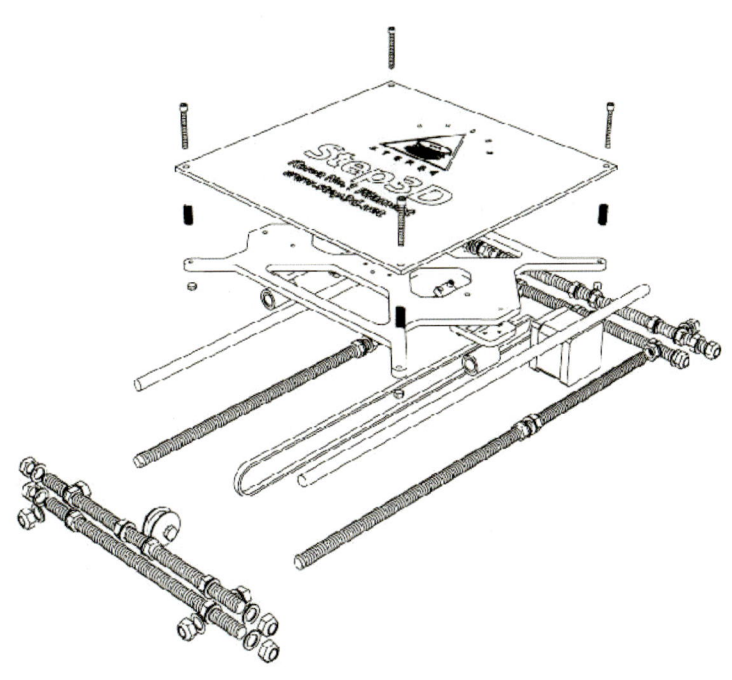

① 아크릴 판과 연마봉 조립하기

출력물이 올라갈 베드 아래에 있는 아크릴이다. 아크릴 판이 Y축에서 잘 움직일 수 있게 고정해 주는 역할을 한다.

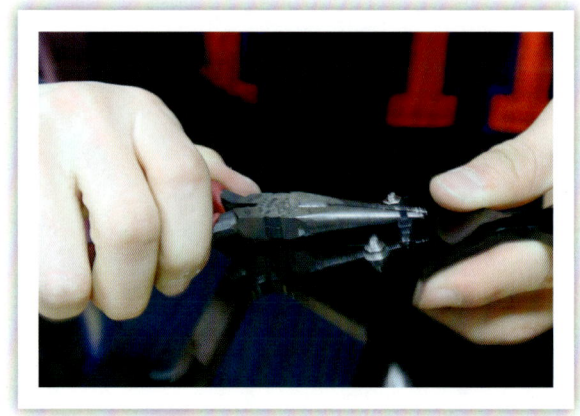

베드 아래에 위치할 아크릴 판이 앞과 뒤로 이동할 수 있게 고정해 준다.

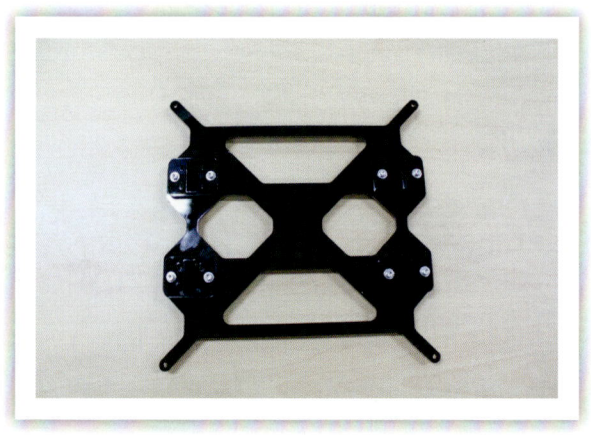

연결한 아크릴 판 밑에 벨트를 끼울 수 있게 하얀색 플라스틱부품을 나사와 너트로 고정한 뒤 연마봉을 아크릴판에 끼운다.

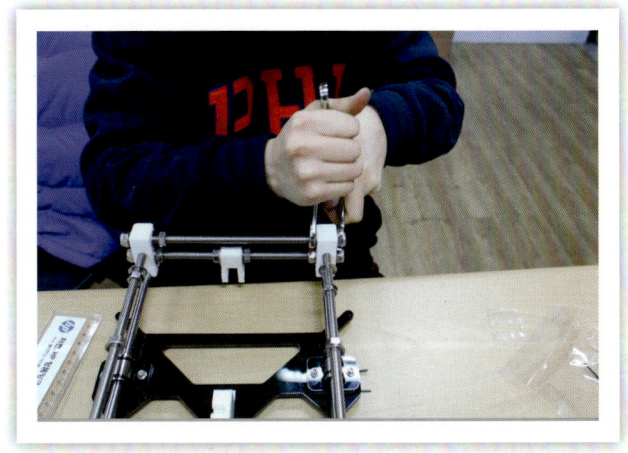

연마봉을 끼운 아크릴판을 Y축 구동부에 끼운다.

② Y축 구동부 수평 맞추기

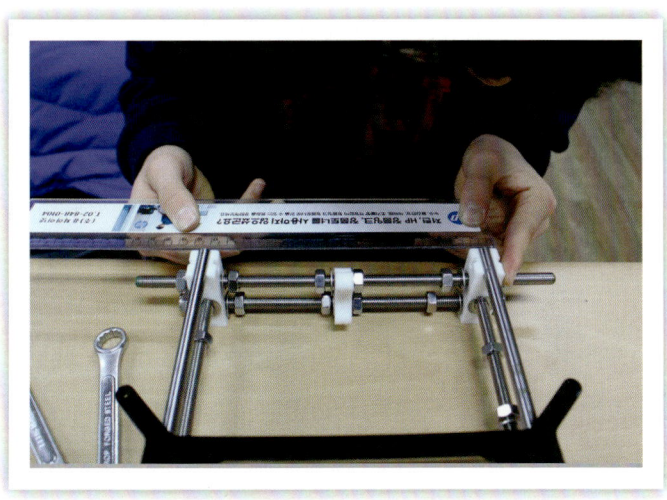

자로 정밀하게 재서 조정을 해주어야 한다.

가로는 17cm, 세로는 37cm를 맞추어준다.

너트를 조였다가 풀었다가를 반복하면서 수평을 맞추어주어야한다.

Y축 구동부에는 출력물이 출력되는 베드가 있으므로 출력물의 질과 직결된다. 따라서 최대한 수평을 맞추어 네 면이 모두 닿을 수 있게 해준다.

③ Y축 모터와 벨트 조립하기

두 와셔사이에 볼베어링을 끼우고 나사와 너트로 사진처럼 가운데에 끼워 고정한다.

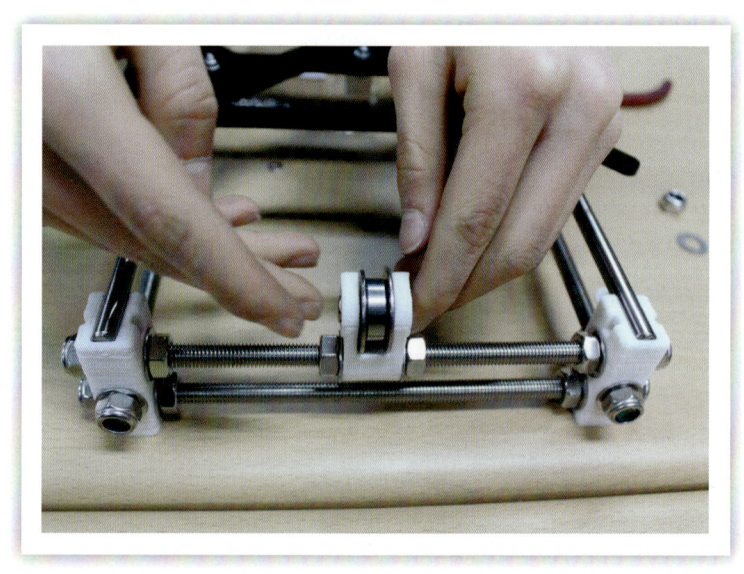

Y축 구동부에 GT2 P를 고정시킨 스텝모터를 고정 시켜준다.

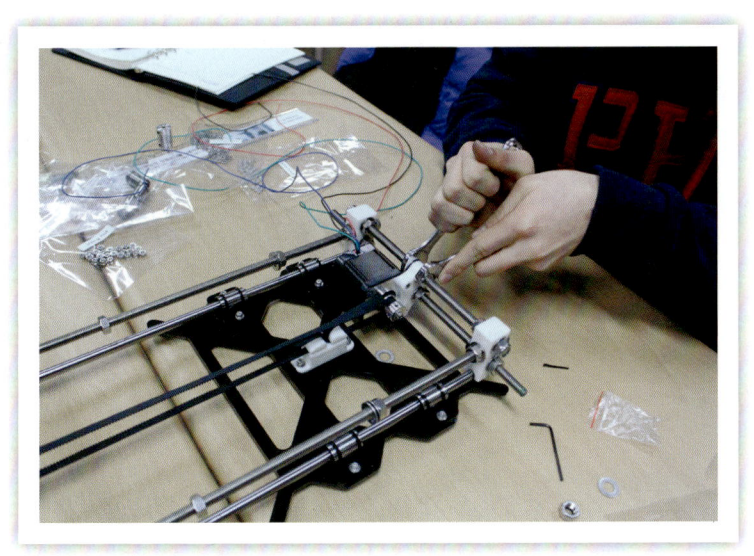

 Y축 구동부에 벨트를 고정하고 모터와 반대쪽 부품을 벌려준 뒤 그 상태로 육각렌치와 스페너로 벨트를 팽팽하게 고정해준다.

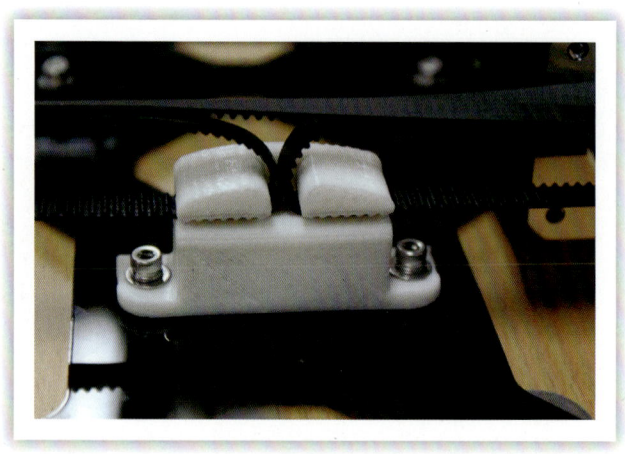

　베드를 올릴 아크릴 판을 Y축 구동부 벨트에 아래 끼워서 고정한 다음, 플라스틱 타이로 고정해주고 남은 벨트는 짧게 잘라서 정리해주면 좋다.

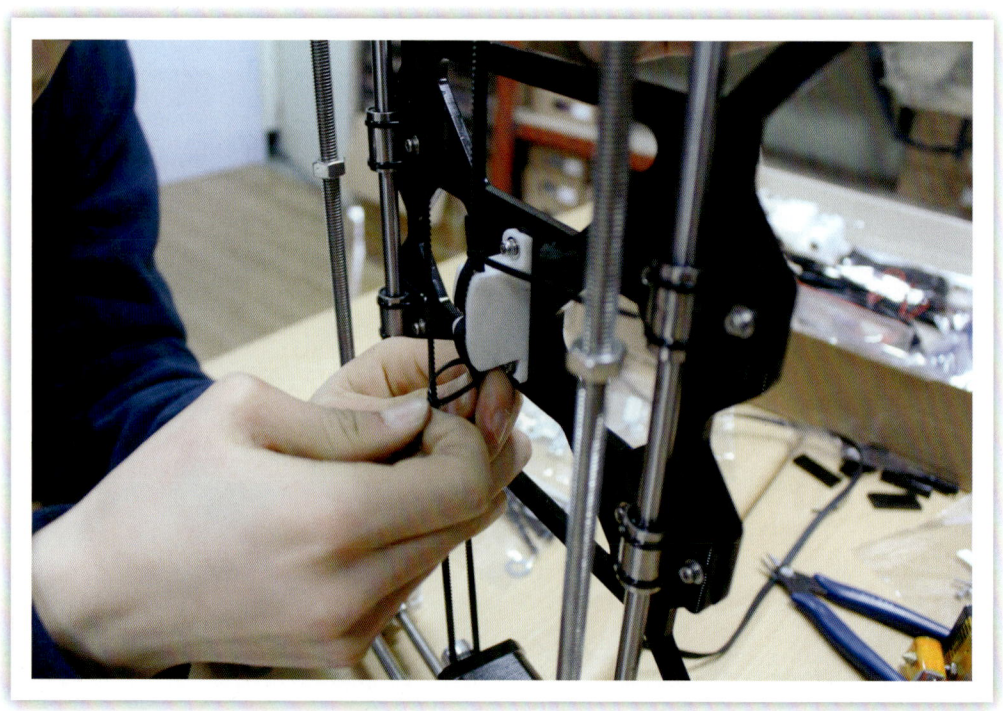

④ 베드 고정하기

베드의 아랫부분이다.

베드를 고정할 때에는 네 꼭짓점 각각 베드와 아크릴판 사이에 스프링와셔, 스프링, 스프링와셔 순으로 끼워놓고 나사와 너트로 고정해준다.

Y축 구동부위에 베드를 올리고 고정한 다음 열전도율이 좋은 유리판을 올리고, 쇠

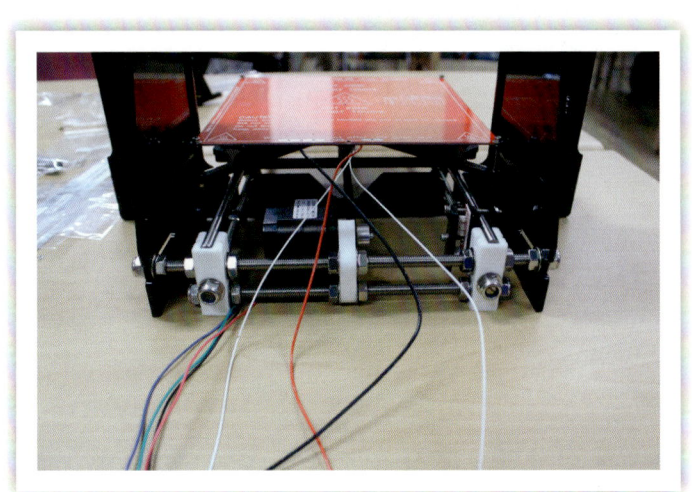

집게로 집어서 고정해준다.

6) 엔드스위치 조립하기(Y축)

[개 요]

3D 프린터를 프로그램해서 움직이게 하려면 엔드스위치가 필요하다. 엔드스위치는 3D 프린터에서 0점을 정해주는 중요한 부품으로 모든 축에 엔드스위치를 달아야한다.

사진처럼 아크릴부품과 아크릴부품 사이에 봉이 올 수 있게 해주고, 안쪽에 엔드스위치와 아크릴판을 놓고 긴 나사 2개로 바로 전에 놓은 아크릴부품들과 엔드스위치를 한번에 찔러넣고 너트로 고정해준다.

Y축의 0점을 인식시키기 위해 엔드스위치를 고정해주는데, 엔드스위치는 Y축 구동부에서 베드를 움직이면 엔드스위치에 닿으면서 스위치가 눌리는지 확인해준다.

7) X, Z축 구동부 조립하기

[개 요]

X, Z축 구동부는 프레임의 세로부분에 위치한다.

Z축에 연마봉과 전산볼트에 끼워주고, X축 구동부를 만들어 연마봉과 전산볼트에 끼워준다.

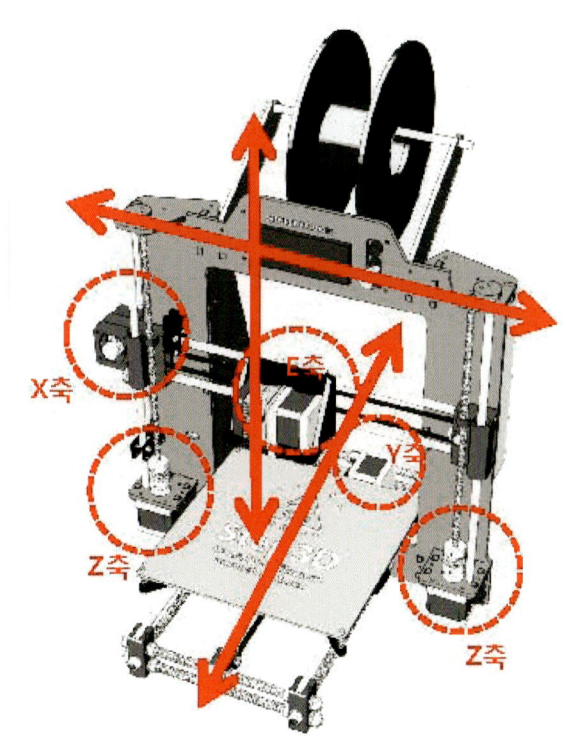

X, Z축이라고 한 이유는 Z축에 X축 구동부가 고정되어있기 때문에 만들 때 두 축을 같이 만들어하기 때문이다.

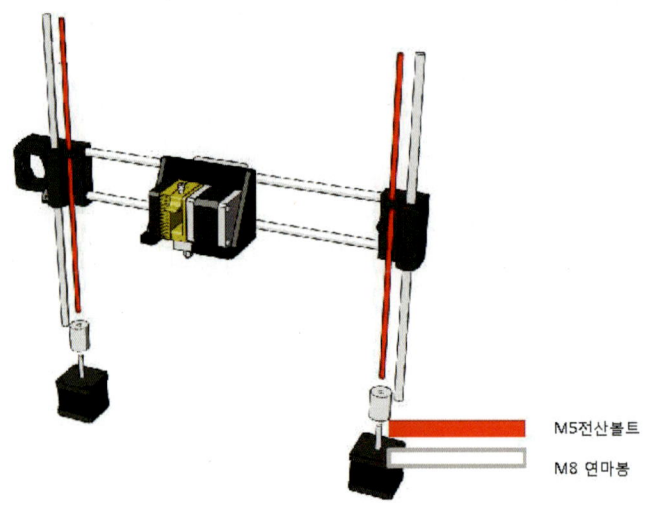

먼저 Z축에 (4)에서 만든 스텝모터 2개를 스텝모터홀더에 고정시킨다. 그다음 연마봉을 Z축에 고정하고, 전산볼트를 스텝모터에 끼운 Couple에 고정하고 X축 구동부를 끼운다.

① Z축 스테모터 고정하기

부품을 끼운 스텝모터를 몸체부분을 조립할 때 Z축 스텝모터를 스텝모터홀더에 놓고 고정해준다.

나머지 한쪽도 똑같이 해준다.

② 왼쪽 X-Z축 연결부 조립

왼쪽 X-Z축 연결부에 사용될 X-Z축 연결부의 부품들 이다.

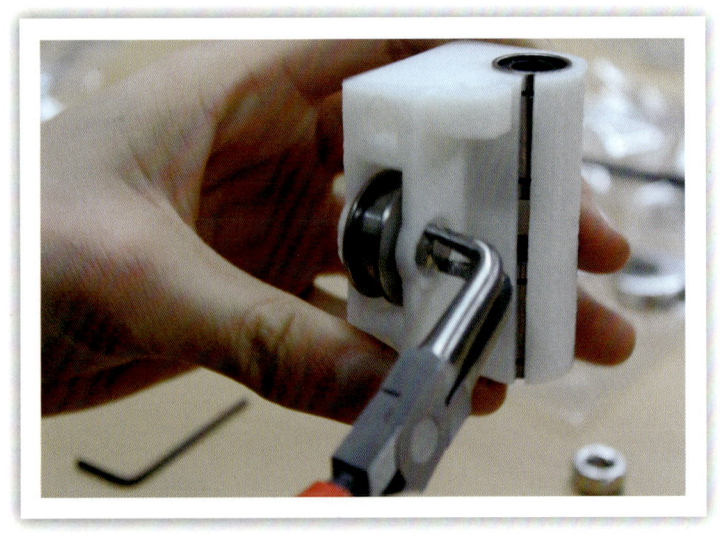

왼쪽 X-Z축 연결부 사이에 벨트가 움직이기 쉽게 Y축 구동부에서 만들어준 부품처럼 두 와셔사이에 볼베어링을 끼우고 나사와 너트로 고정해준다.

③ 오른쪽 X-Z축 연결부 조립

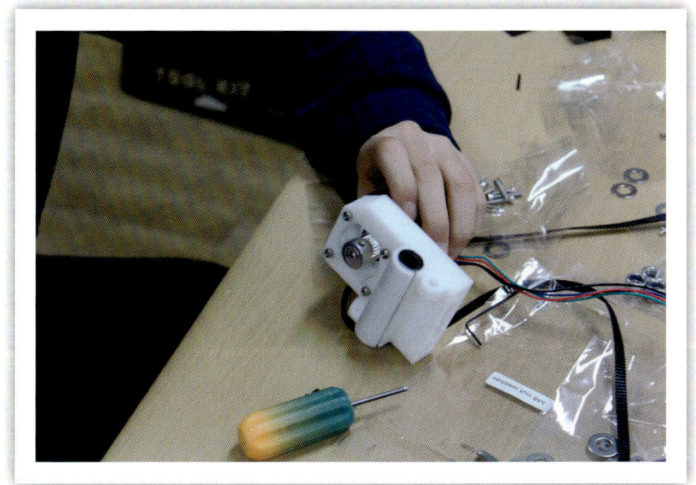

 오른쪽은 왼쪽과 다르게 스텝모터를 조립해주어야 하는데 (4)에서 만든 스텝모터 중에서 GT2를 끼운 스텝모터를 고정시켜주어야 한다.

 GT2를 끼운 스텝모터를 나사와 너트로 잘 조여서 고정시켜준다.

④ Z, X축 구동부를 완성시켜서 조립하기

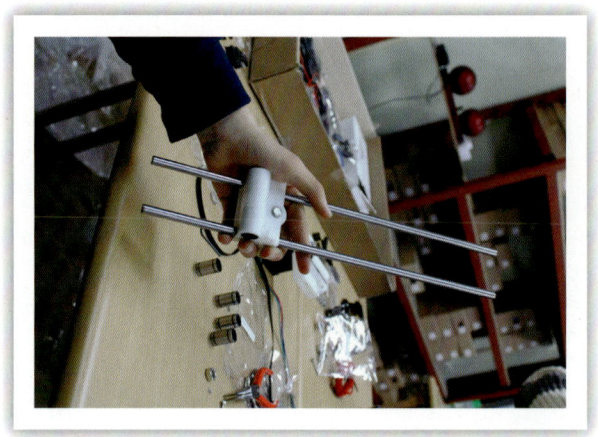

왼쪽과 오른쪽의 X-Z축 연결부들 사이에 (3)에서 만든 이동부품을 끼우고 M8 연마봉 2개를 끼워 넣고 Z축 모터들 사이 간격만큼 벌려놓는다.

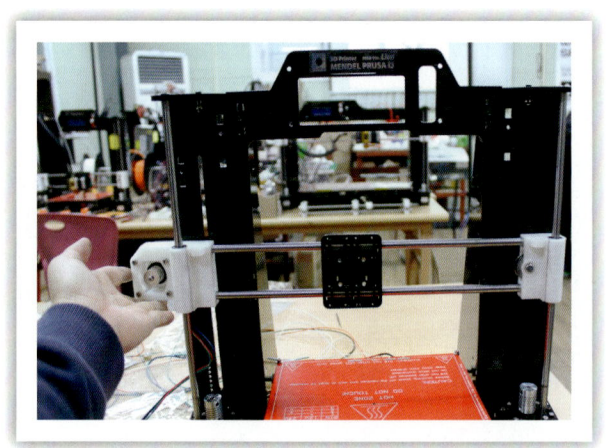

Z축에 연마봉만 끼운 뒤에 X축 구동부가 들어가는지 끼워서 확인해준다. 그 후에 다시 빼준다.

 그다음 Z축에 전산볼트를 끼우기 전에 양쪽에 평너트 2개를 끼운다. 그다음 Z축 스텝모터에 끼운 Couple에 평너트를 끼운 전산볼트를 끼우고 Couple에 있는 구멍을 육각렌치로 조여서 고정해준다.

8) Y축 구동부와 몸체 조립하기

[개 요]

완성된 Y축 구동부와 몸체를 조립하는 과정이다.

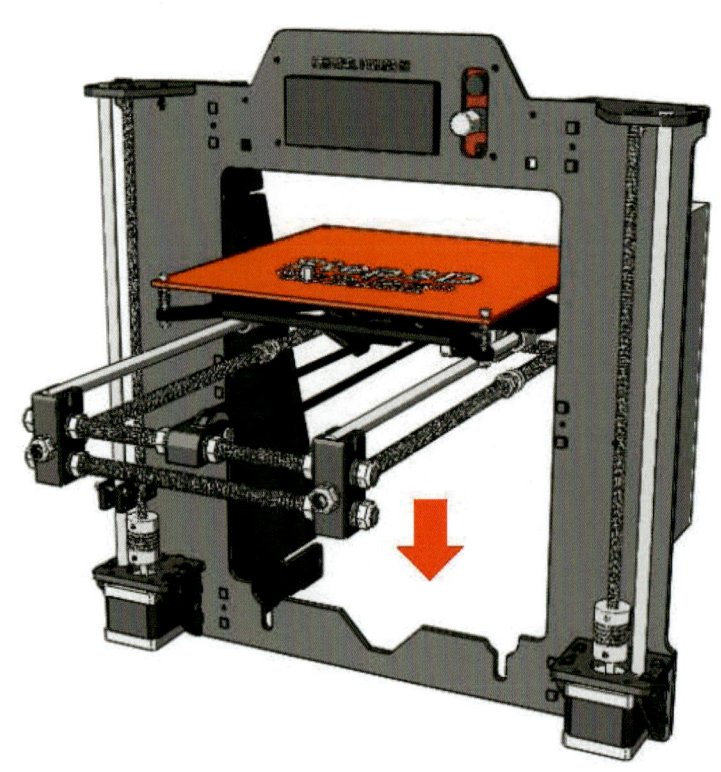

선들은 깔끔하게 타이로 묶어 정리해 준다.

너무 긴 선들은 오른쪽 아크릴 판에 부착할 아두이노에 연결할 수 있을 정도로 잘라준다.

9) LCD 컨트롤러와 LED 부착하기

[개 요]

LCD 컨트롤러는 3D 프린터의 상태를 한눈에 알아볼 수 있게 해주는 전자부품으로 PC에 연결하지 않고도 뒤에 SD카드를 삽입해 STL파일을 오른쪽 부분에 원기둥 버튼을 돌려서 고르고 눌러서 선택하여 작동시킬 수 있는 빠져선 않되는 부품이고, LED는 베트 위에 붙여서 베드를 빛을 밝혀주는 부품이다.

베드 위쪽에 붙여줄 LED의 모습이다.

LED선에 길이를 늘리기 위해 다른 선과 LED선의 피복을 벗기고 연결한 후 수축 테이프로 연결된 부분을 감싸고 라이터로 수축시켜 선의 길이를 늘려준다.

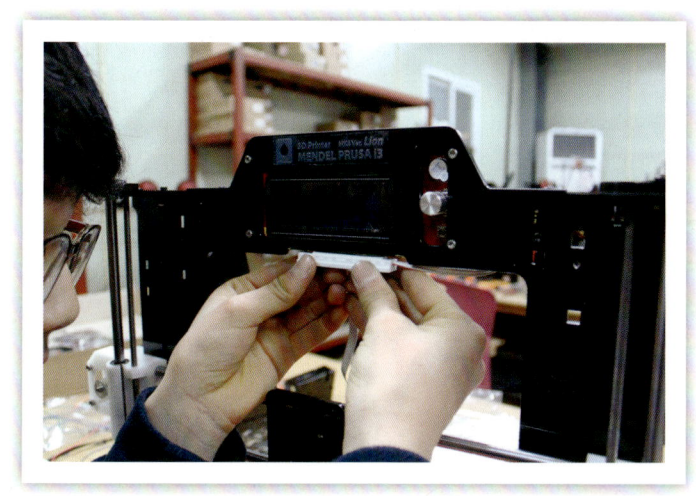

 LCD컨트롤러는 아크릴 프레임 맨 위에 3D프린터명이 써져있는 부분 바로 아래에 공간에 고정해주는데 LCD컨트롤러와 아크릴 프레임 사이에 네 모서리마다 각각 너비가 약0.5cm만한 노란 부품 3개를 사이에 끼우고 나사로와 너트로 고정시켜준다.
 LED는 그 바로 밑부분에 양면테이프를 이용해 붙여준다.

10) Z축, X축 엔드스위치 조립하기

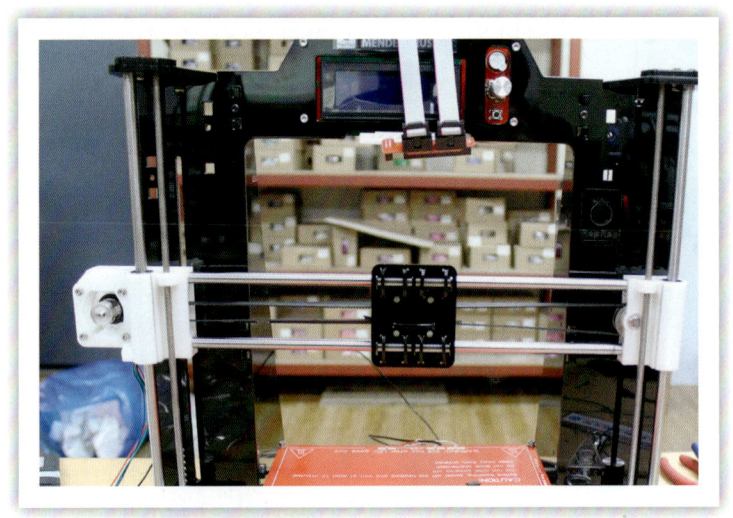

아직 Z축과 X축에 엔드스위치를 달지 않은 상태이다.

Z축에는 엔드스위치를 Z축 스텝모터홀더의 윗부분부터 4cm 정도간격을 두고 고정해준다. 한 쪽을 고정할 때 아크릴판 한 개-엔드스위치-아크릴판 한 개-연마봉-아크릴판 한 개 순으로 고정해준다. 고정할 때 엔드 스위치가 바깥쪽으로 오게 해준다.

엔드스위치와 Z축 스텝모터를 고정하는 위쪽 아크릴판의 간격은 베드와 압출기의 간격에 따라 바뀌어서 정확히 4cm를 맞출 필요는 없다.

X축 구동부가 위로 빠져나오지 않게 하기위해서 아크릴부품이 덮개역할을 할 수 있게 나사와 사각너트로 고정해준다.

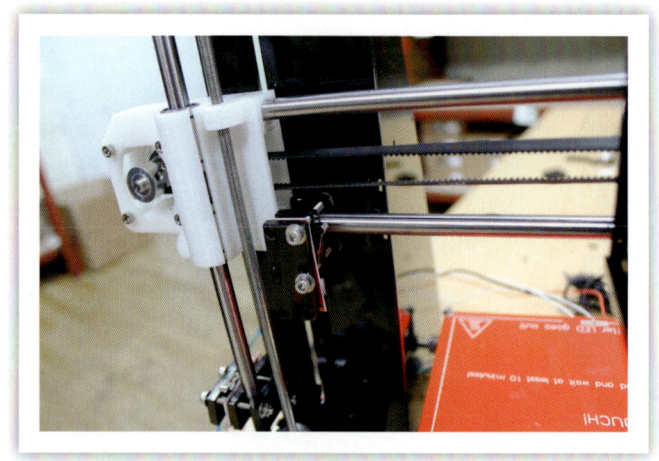

앞쪽부터 아크릴판 한 개-엔드스위치-아크릴판 한 개-연마봉-아크릴판 순으로 고정해주는데 X축 엔드스위치는 X축의 맨 왼쪽에 딱 맞추어 고정해 준다.

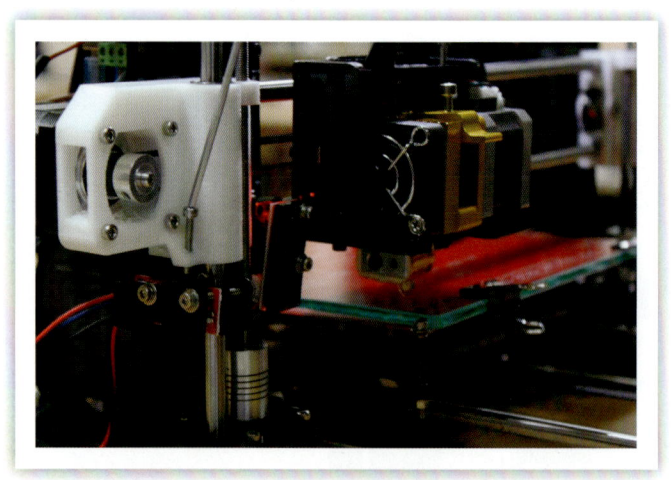

X-Z축 연결부가 Z축 엔드 스위치를 누를 수 있게 볼트로 적당히 조절하고 있다. 그렇게 되면 연결부가 내려오면 볼트가 엔드 스위치를 누르게 된다.

11) 압출기와 홀더 소립하기

[개 요]

압출기 홀더를 조립한 후 압출기를 홀더에 고정시켜준다.

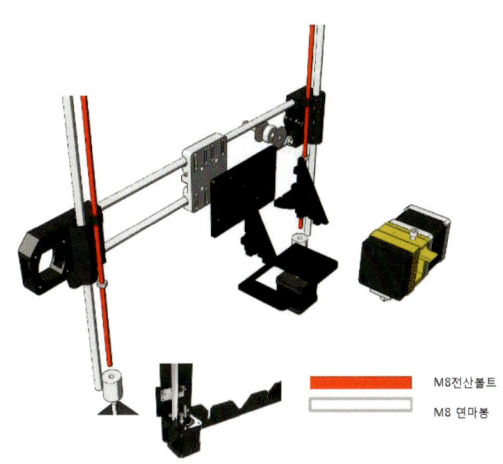

압출기홀더를 조립하고 압출기를 홀더에 넣은 다음에 홀더 위의 구멍으로 압출기 전선들을 빼준다.

압출기는 나사로 홀더 윗부분 구멍에 넣어 압출기 금색 부분에 끼워 고정한다.

12) 메인보드(아두이노), 전자장치 연결

[개 요]

사람몸에 뇌가 없으면 움직일 수 없다. 기계도 똑같이 메인보드가 없으면 움직일 수가 없다.
그리고 뇌와 몸이 연결되지 않으면 명령을 내릴 수 없어 움직일 수가 없고, 똑같이 메인보드와 전자장치가 연결되어있지 않으면 명령을 내릴 수 없다.
 전자장치들은 없어선 않되는 것들이다.

아두이노(Arduino)는 사물인터넷 기반의 개방형 풀랫폼으로, 전자 기판의 하드웨어, 그리고 하드웨어를 제어하는 소프트웨어 개발을 위한 개발도구로 구성되어 있다. 오픈소스기판의 회로도가 공개되어 있어 누구든지 부품을 구매해 조립을 하거나 또는 완성된 기판을 저렴한 가격에 구매할 수 있다는 것이 장점이다.

- X, Y, Z 리미트스위치는 극성이 없음
- 서미스터(온도센서)는 극성이 없음
- 배드 및 노즐히터는 극성이 없음
- 스텝모터는 반대로 끼울 경우 역회전 하므로 끼웠을 때 반대로 움직인다면 다시 반대로 연결
- 전원 선은 절대로 반대로 연결하면 안됨

① RAMPS의 연결도

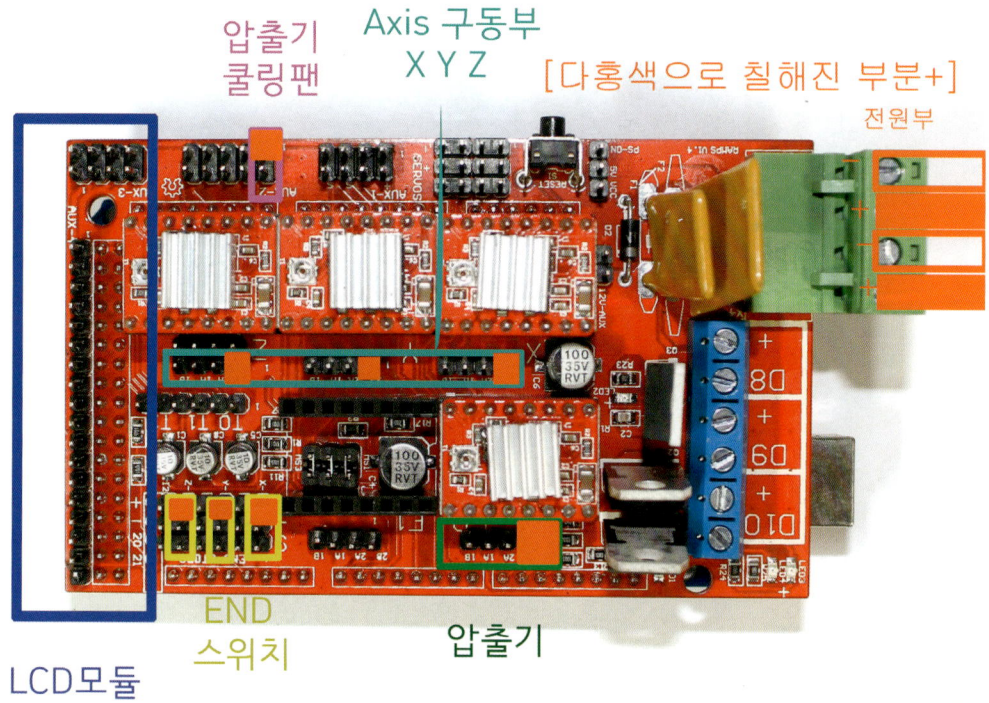

 RAMPS는 RepRap Arduino Mega Pololu Shield의 축약으로, Shied란 Arduino 보드 위에 올려 기능을 확장하는 보드다. RAMPS를 아두이노 Arduino Mega 2560위에 장착한다. RAMPS 전원공급기 플러그 아래의 납땜 부분을 잘라내야 할 수도 있다. 그다음 각각의 stepstick 스텝모터 드라이버들을 Axis 구동부 부분에 연결한다. 나머지 하나는 듀얼노즐의 용도로 남겨준다.

③ 파워 서플라이의 연결도

사진에 빨간 상자는 전선들의 부호를 나타내는 것으로,
상자의 색이 칠해져 있지 않은 것은 -,
상자의 색이 칠해져 있는 것은 +이다.

연결한 선들의 순서이다.

④ 3P 케이블

선들의 피복을 직접 벗기고 꼬아서 연결해 메인보드에 연결할 3핀 케이블을 만들어준다.

선들을 연결하는 순서는 초록-검정-파랑-빨강 순이다.

⑤ 선들의 보호와 마감

압출기 선을 그림과 같이 압출기 고정 틀사이에 끼우고 있다.

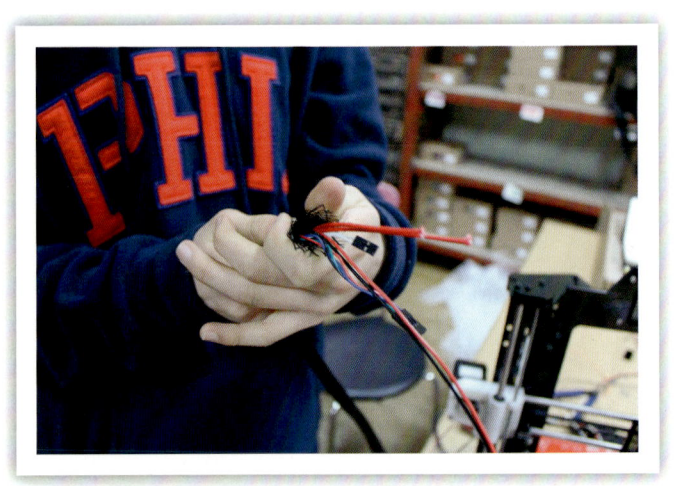

압출기 선들을 한 줄로 고정도하고 보호도 하려고 감싸고 있다.

베드 선들도 선 정리를 하기 위해 감싸고 있다.

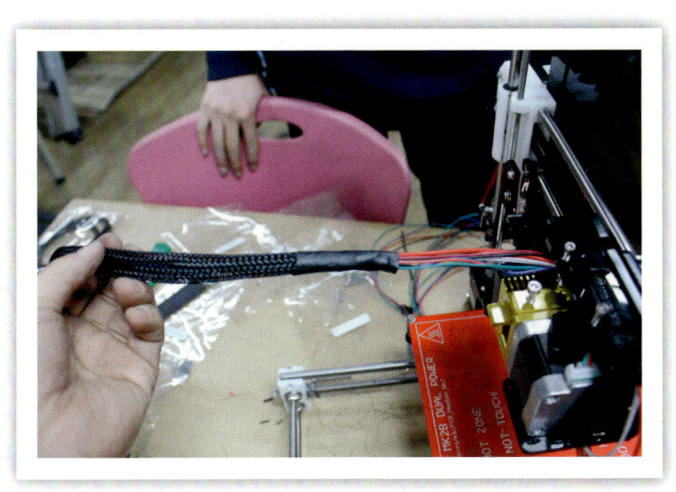

압출기 선정리가 되지 않은 부분을 수축테이프로 감싸고 라이더로 수축시켜 정리해준다.

⑥ 압출기 선 연결

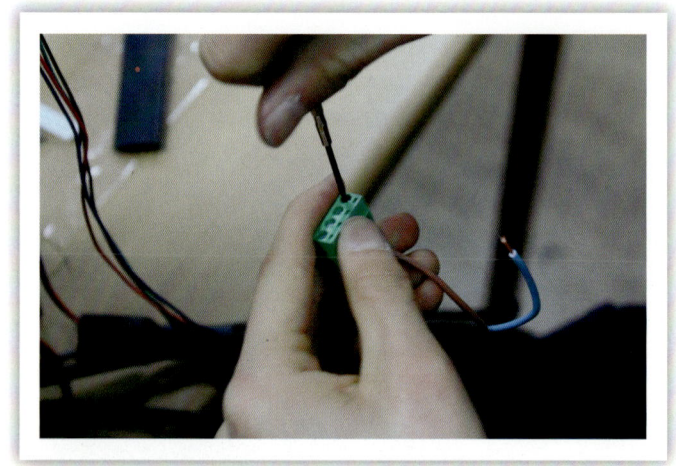

전기가 들어올 선을 연결하기위해 RAMPS 전원부 부분에 선을 넣고 - 자 드라이버로 돌려 고정해준다.

정리한 압출기 선들을 한곳에 고정시켜 정리하기 위해 밑부분을 고정해준다.

고정한 곳 위에 덮개를 덮어 압출기 선을 정리해줄 구멍을 완성시켜준다.

Ⅴ. 3D 모델링과 프로그램 설치

1. 프로그램 설치하기
    1) 123D DESIGN 설치하기
    2) CURA 설치하기
2. 모델링 하기
    1) 3D 모델링
    2) 3D 스캐닝

V-1. 프로그램 설치하기

1) 123D DESIGN 설치하기

<그림 10> 무료 CAD 프로그램 123D Design

3D 프린터로 제작할 물건의 STL파일이 필요하다. 앞서 설명한 싱기버스 사이트에서 원하는 STL파일을 내려받아 사용할 수도 있고, 자기가 원하는 디자인의 모델링을 위해서는 CAD 프로그램을 사용하여 STL파일로 저장해야 한다.

 CAD 프로그램은 3D MAX, AUTO CAD, 라미노3D 등이 있는데, 여기서는 무료 프로그램인 123D DESIGN에 대해서 설명한다.

① 123D Design 홈페이지에서 프로그램 무료로 내려받기

홈페이지 주소 : www.123dapp.com

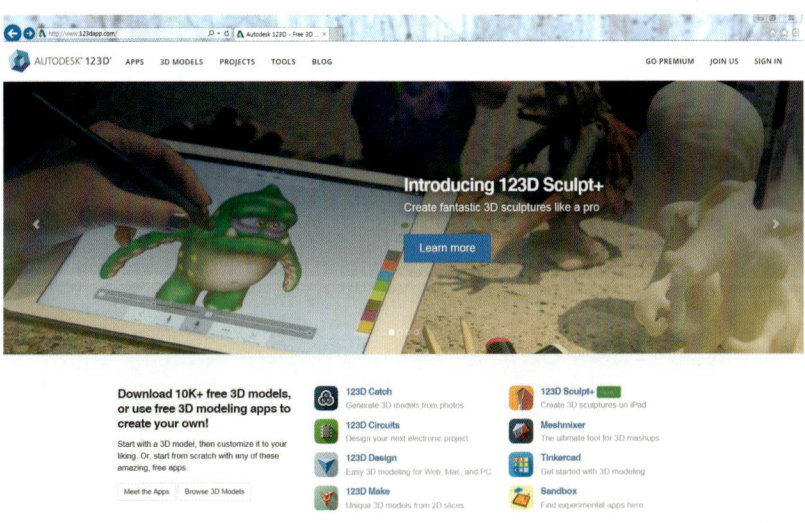

홈페이지에 들어가면 여라가지 프로그램들이 있는데, 그 가운데 123D DESIGN을 내려받는다.

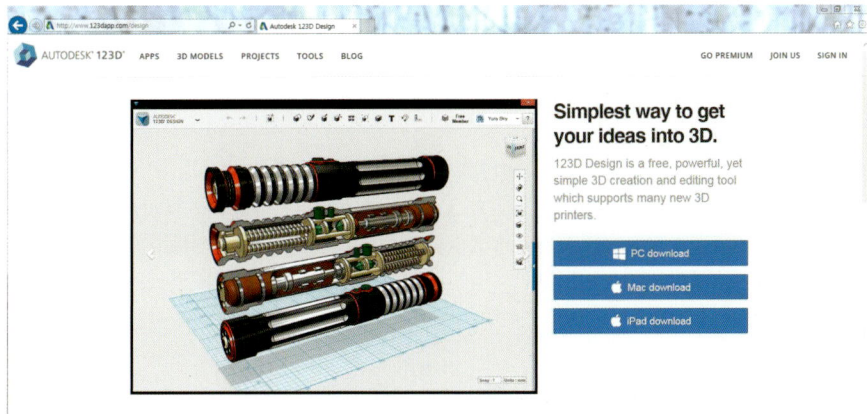

② 설치하기

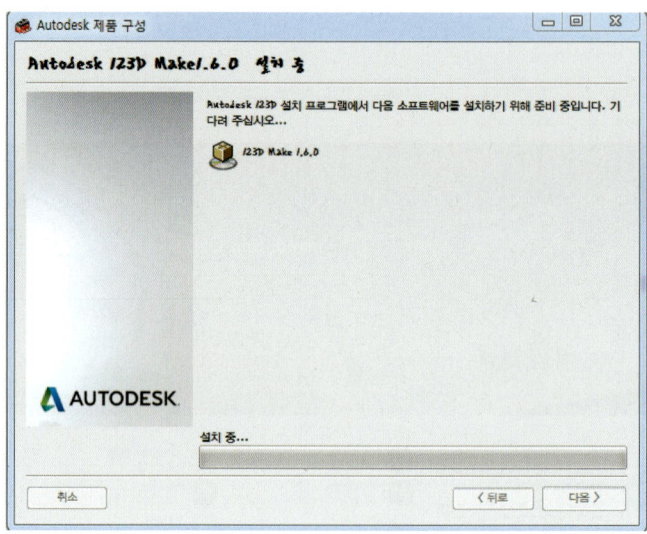

③ 모델링 후 STL파일로 저장하기

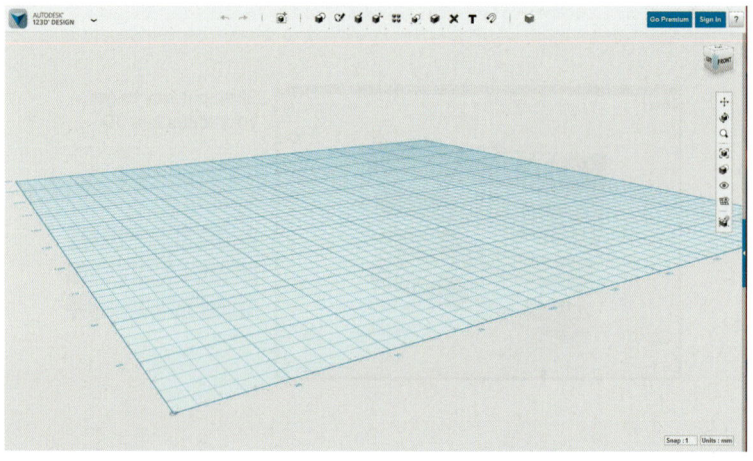

V-1. 프로그램 설치하기

2) CURA 설치하기

STL로 저장된 3D 모델링 된 파일을 3D 프린터로 출력하기 위해서는 압출기가 한 번 지나갈 때마다 압출할 곳과 하지 않아야 하는 정보를 주는 G코드로 전환되어야 한다. 이를 도와주는 프로그램이 CURA 이다.

　CURA는 무료 프로그램으로 3D 프린터를 조정할 수도 있고 물체를 복제하거나 움직일 수도 있다.

① CURA 홈페이지에서 프로그램 무료로 내려받기

홈페이지 주소 : https://ultimaker.com

홈페이지에 가서 support / software 로 가면 CURA 프로그램을 내려받을 수 있다.

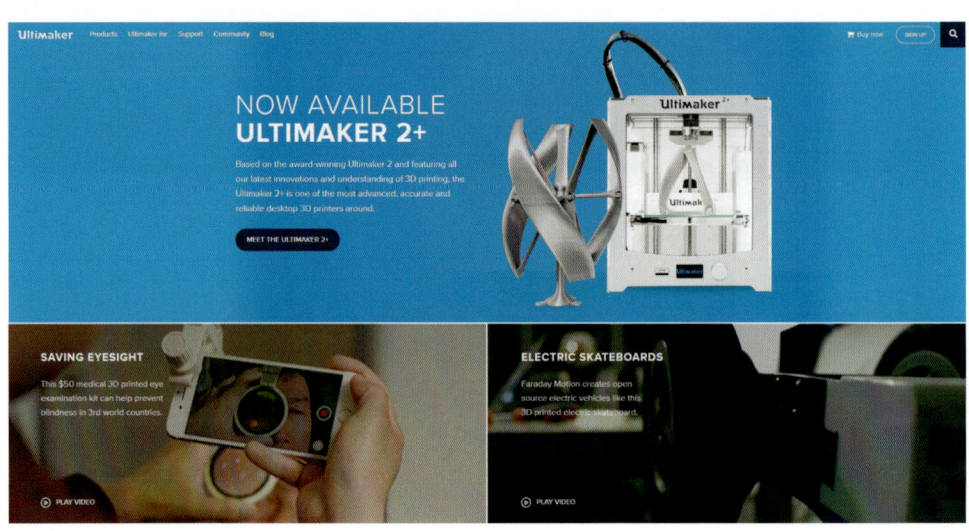

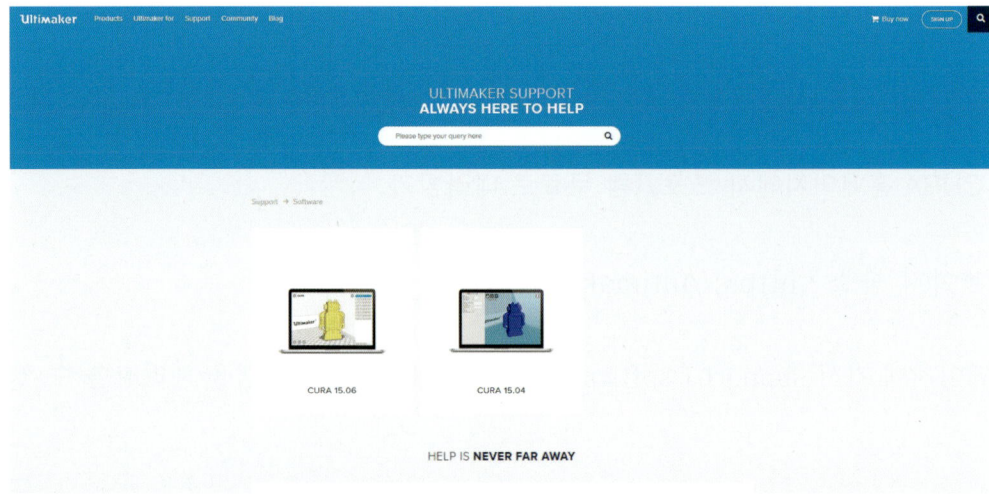

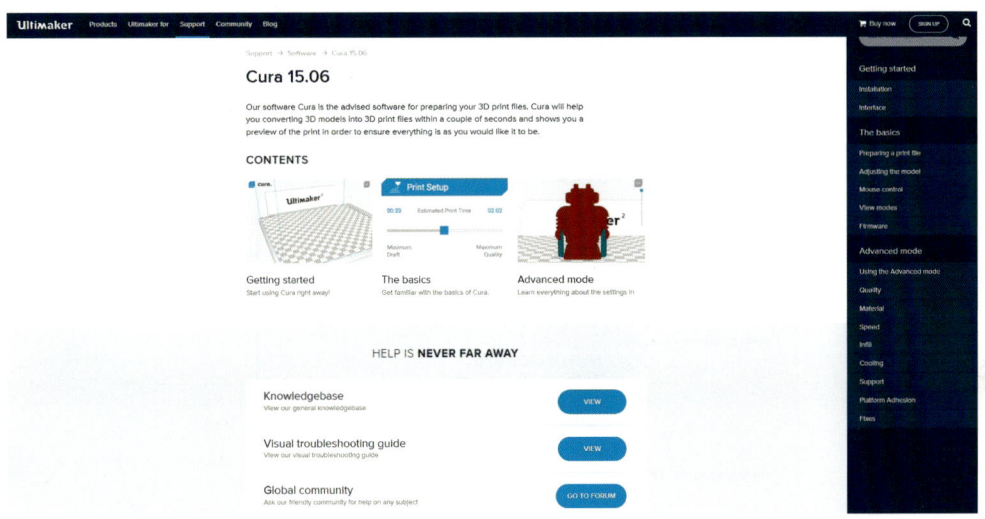

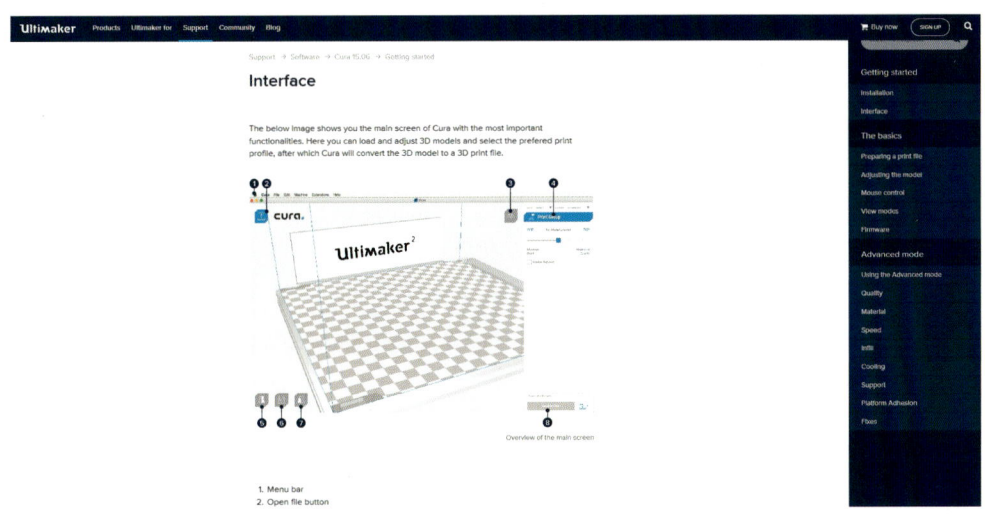

② 설치하기

㉠ 컴포넌트 옵션 설정
stl은 기본적으로 읽기가 가능하며 obj파일을 읽기 가능하도록 설정한다.

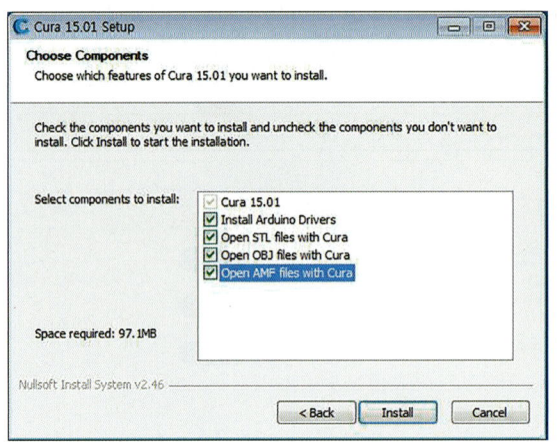

㉡ 드라이버 설치
큐라 설치를 위해 버전 선택 후 종류를 고른다.
여기에서 자신의 3D 프린터 종류를 고른 후 NEXT를 누른다.

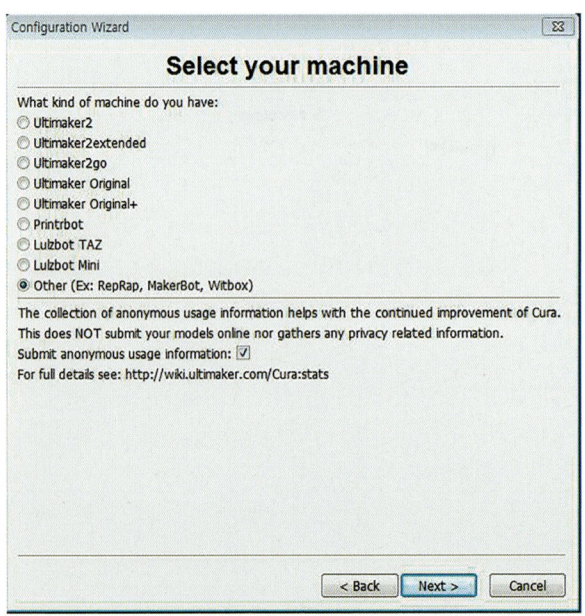

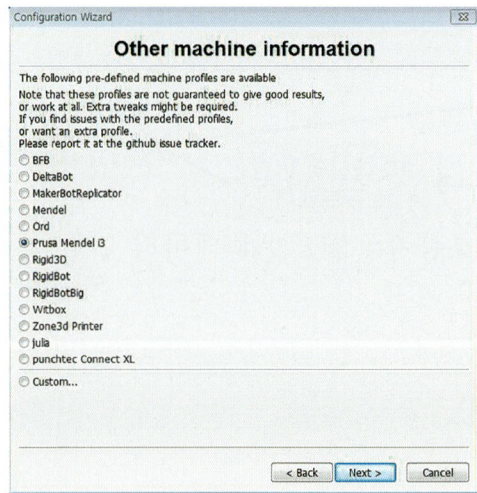

③ 모델링 후 STL파일로 저장하기
3D 모델링 된 파일을 출력할 곳과 하지 않아야 하는 정보를 담고 있는 G코드로 전환 한다.

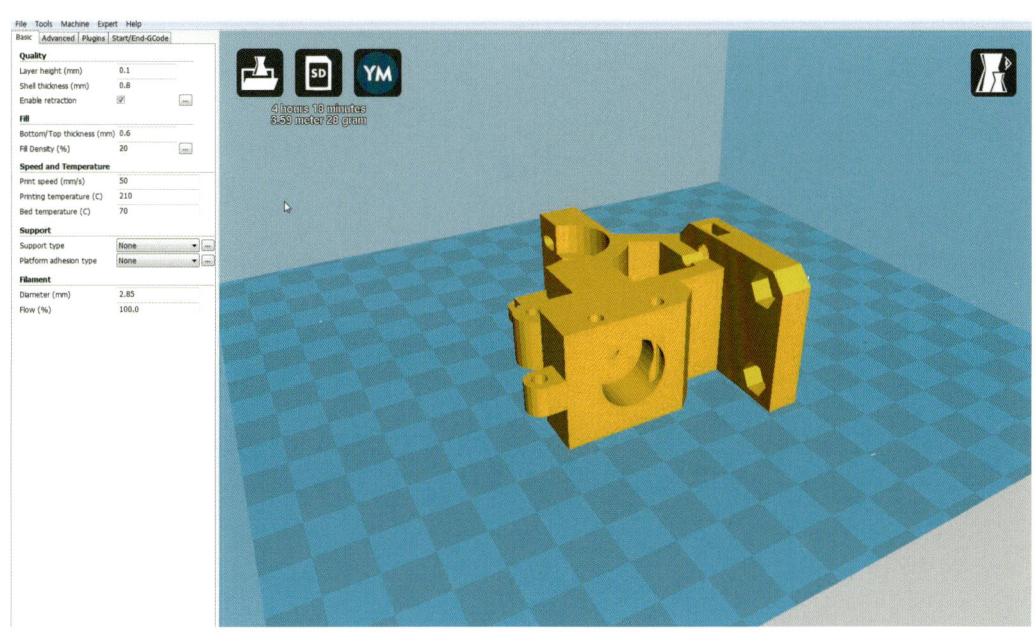

3D프린터는 프로그램으로 설계를 한 후에 데이터를 변환시켜주는 과정을 거쳐야 한다.

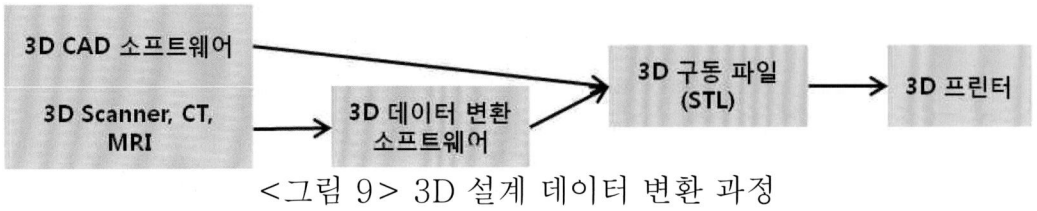

<그림 9> 3D 설계 데이터 변환 과정

V-2. 모델링 하기

1) 3D 모델링

123D은 3D 형태의 입체 도형을 쉽게 만들기 위한 프로그램이다.
기본적인 작업 순서는 다음과 같다.

ⓐ 스케치, 텍스트 입력 등으로 2D 면 생성
⇩
ⓑ Construct 기능으로 3D 입체
⇩
ⓒ Modify 기능으로 변형

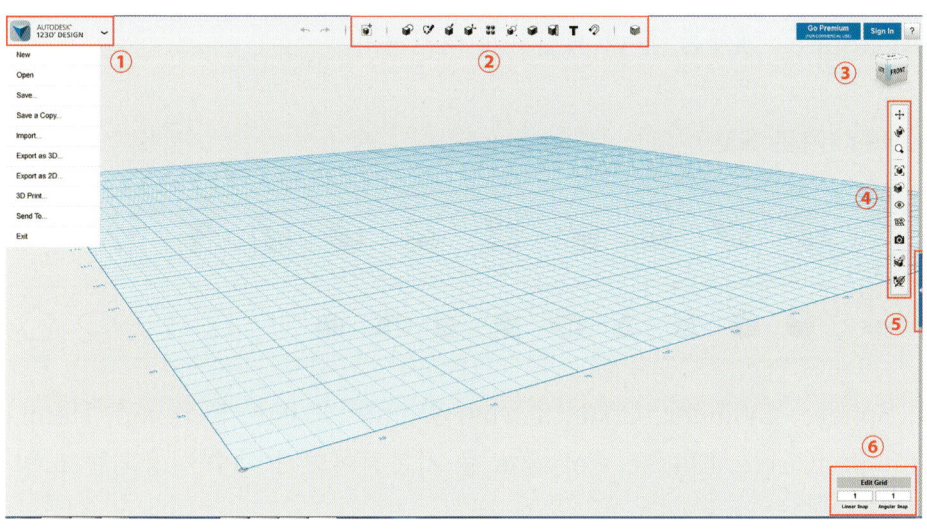

(1) 파일 메뉴
- New : 새 프로젝트 만들기
- Open : 123dx 포멧의 파일 열기
- Save : 파일 저장하기
- Save a Copy : 새 이름으로 저장하기
- Import : 이미지 가져오기

- Export as 3D : 3D 파일로 내보내기
- Export as 2D : 3D 파일로 내보내기
- 3D Print : 3D 프린트하기
- Send To : Meshmixer나 123D Make 프로그램으로 파일 보내기
- Exit : 종료

(2) 개체 만들기 메뉴

① Transform (변형)

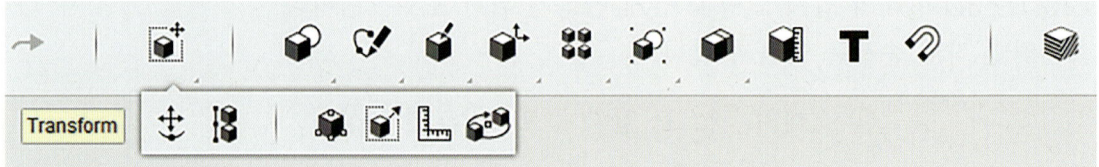

- Move/ Rotate : 개체 옮기기, 회전하기
- Align : 선택한 개체 배열하기
- Smart scale : 개체를 좀 더 세밀하게 크기 조절하기
- Scale : 개체 크기 조절하기
- Ruler : 길이 재기
- Smart Rotate : 개체를 좀 더 세밀하게 회전하기

② Primitives (기본 도형)

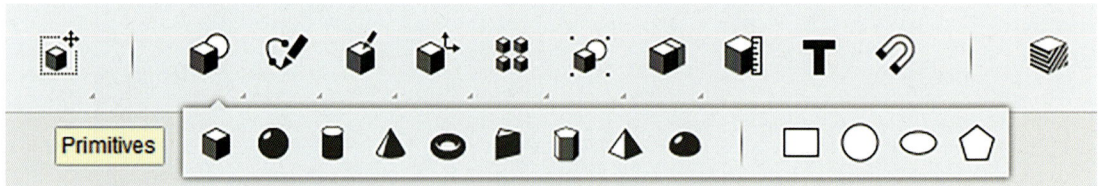

- Box, Sphere, Cylinder, Cone, Torus, Wedge, Prism, Pyramid, Hemisphere, Rectangle, Circle, Ellipse, Polygon 등 기본적이면서 자주 사용되는 도형을 신속하게 만들어주는 도구이다.

③ Sketch (2D 그리기)

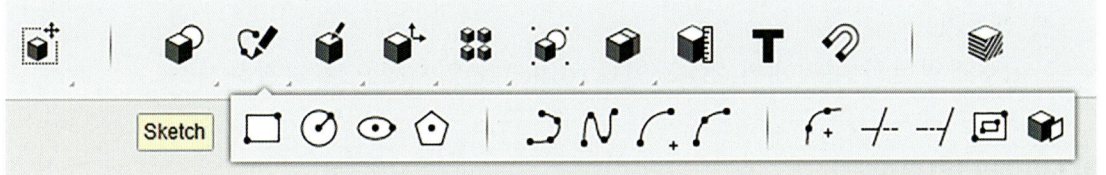

- Rectangle : 사각형 그리기
- Circle : 원형 그리기
- Ellipse : 타원형 그리기
- Polygon : 가각형 그리기
- Polyline : 직선 그리기
- Spline : 곡선 그리기
- Two Point Arc : 2점호 그리기
- Three Point Arc : 3점호 그리기
- Fillet : 모서리 둥글게 만들기
- Trim : 자르기
- Extend : 늘리기(선 이어주기)
- Offset : 오프셋 만들기(선택한 도형의 사방으로 입력한 숫자만큼 떨어진 도형 만들기)
- Project : 한 도형을 다른 도형의 평면에 투사하기

④ Construct (구조 만들기)

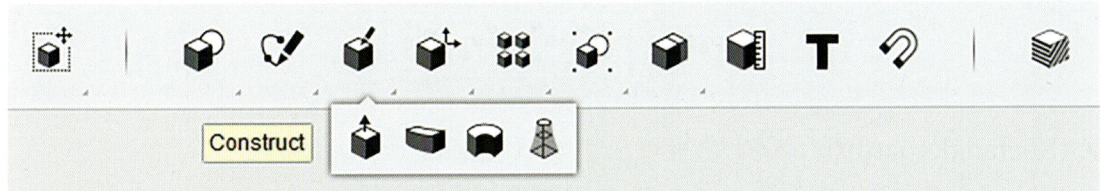

- Extrude : 선택한 면을 돌출시키거나 안쪽으로 홈을 파기
  - Merge: 돌출 부분을 이전 객체와 합쳐서 하나의 객체로 만들기
  - Subtract: 차집합. 돌출 부분으로 겹쳐진 부분을 제거하기
  - Intersect: 교집합. 겹친 부분만 남기기
  - New Solid: 돌출 부분으로 다른 객체 만들기

- Sweep : 선택한 2D 면(Profile)을 선에 따라 복사해 3D 도형 만들기
- Revolve : 선택한 2D 면(Profile)을 한 축(Axis)을 중심으로 회전시켜서 3D 객체 만들기
- Loft : 평면상의 여러개의 2D 도형(Profile)을 입체적으로 연결하기

⑤ Modify (변형하기)

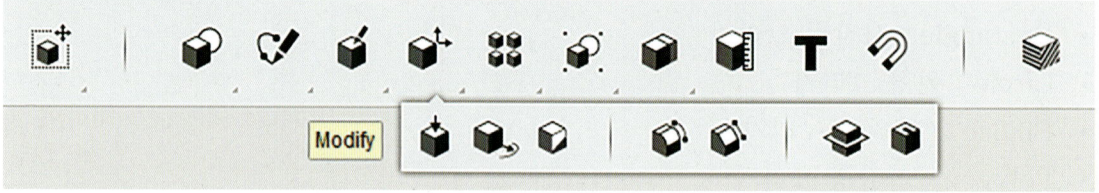

- Press Pull : 입체면 당기기
- Tweak : 입체면 비틀기
- Split Face : 2D 객체 자르기
- Fillet : 모 둥글게 깍기
- Chamfer : 모 비스듬히 깍기
- Split Solid : 3D 객체 자르기
- Shell : 테두리 만들기

⑥ Pattern (패턴 만들기)

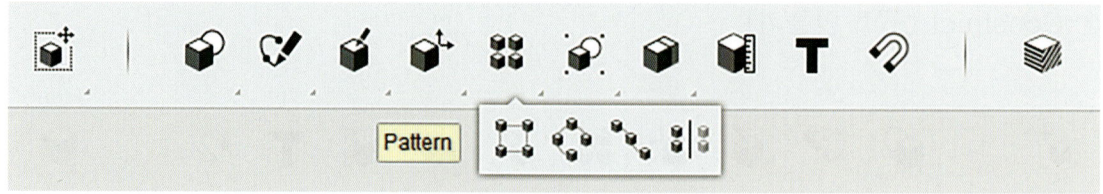

- Rectangle pattern : 사각형 방향으로 패턴 만들기
- Circular Pattern : 원형 방향으로 패턴 만들기
- Path Pattern : 선을 따라 패턴 만들기
- Mirror : 대칭으로 패턴 만들기

⑦ Grouping (모둠 묶기)

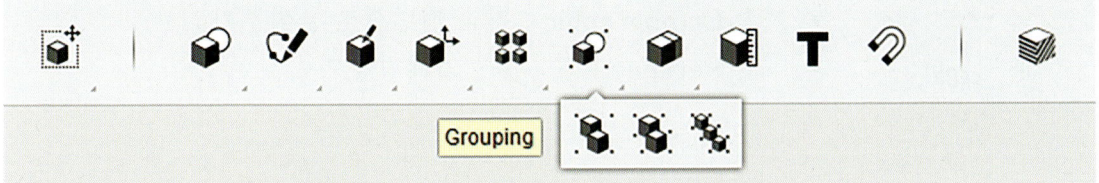

- Group : 모둠으로 묶기
- Ungroup : 모둠에서 풀기
- Ungroup all : 모둠에서 모두 풀기

⑧ Conbine

- Merge : 선택한 여러 객체를 하나의 객체로 만들기
- Subtract : 첫번째 선택한 객체에서(Target Solid) 두 번째 선택한 객체 (Souce Solid)가 겹치는 부분 제거하기
- Intersect : 겹치는 부분만 남기기

⑨ Mesure : 객체 길이 재기

⑩ Text : 글자 넣기

⑪ Snap : 자동 붙기

⑫ Material : 객체에 색과 재질을 바꾸기

(3) View Cube

- Home : 객체를 오른쪽 위 45도 방향으로 보여주기
- Orthographic : 직교 평면으로 보여주기
- Perspective : 원근 입체평명으로 보여주기

(4) View Cube

- Pan : 이동하기
- Orbit : 궤도 따라 돌리기
- Zoom : 확대, 축소보기
- Fit : 선택한 객체를 화면에 꽉 차게 보기
- View1 : 외곽선, 면 보기
- View2 : 보기, 가리기
- Grid Wiew : 작업 그리드 보기
- Snap : 객체 자동 붙기

(5) 온라인 라이브러리 열기

(6) Edit Grid : 그리드 단위 조절하기

V-2 모델링 하기

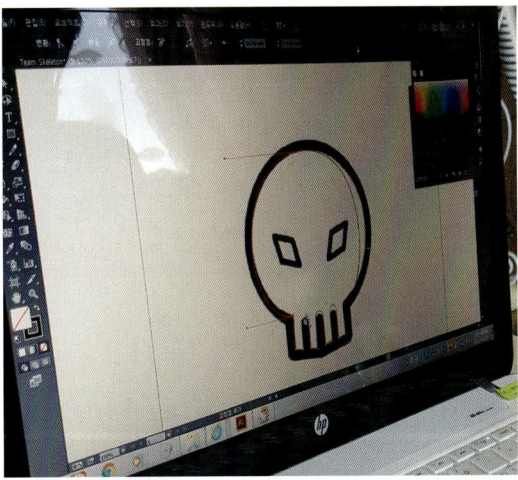

V. 3D 모델링과 프로그램 설치

V-2. 모델링 하기

2) 3D 스캐닝

3D 스캐너는 3차원 스캐너를 이용하여 레이저나 백색광선을 투사하여 대상의 형상정보를 얻고 디지털 정보로 전환하는 기계를 말한다.

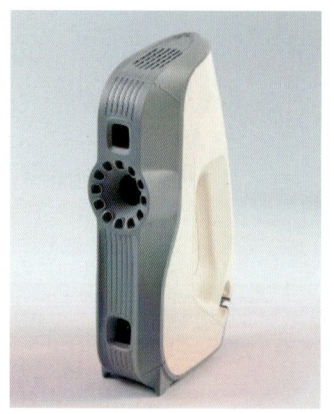

차의 내부를 3D 스캐너로 스캔하는 중이다.

차의 외형을 디지털정보로 변환한 것의 사진이다.

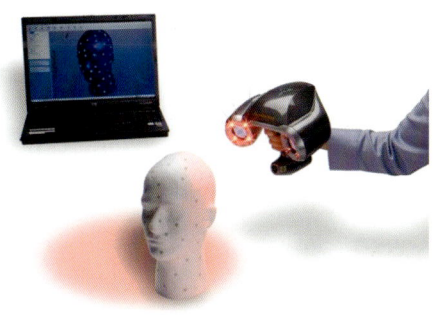 

3D 스캐너는 제품만이 아니라 유적 발굴 초기에 스캐닝을 해 둠으로써 원형에 가까운 복제를 할 수 있게 도와준다.

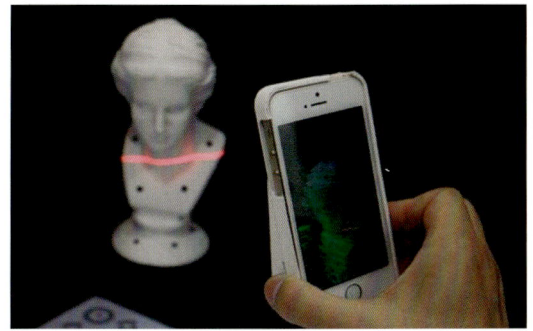 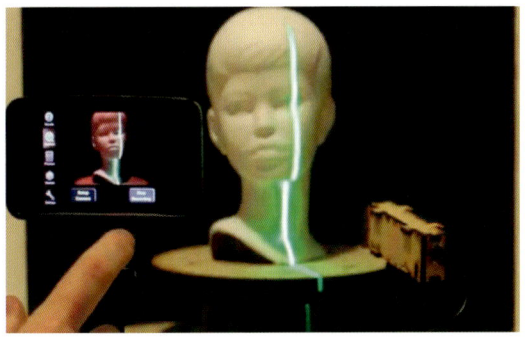

온 몸을 스캔할 수 있는 대형 스캐너도 있고 핸드폰에 달아 휴대할 수 있는 스캐너도 있다.

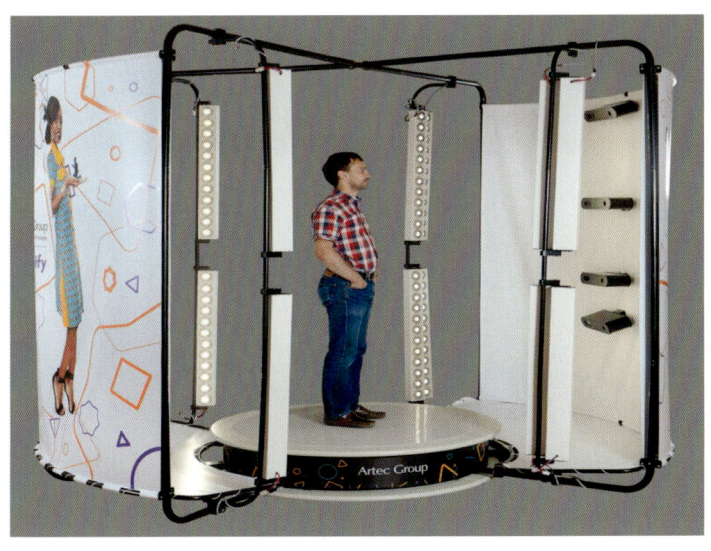

VI 3D 프린터 하기

1. 출력하고 싶은 stl 파일 준비
2. cura, slic 3R등으로 Gcode 변환
3. 출력물에 색칠하기

VI-1. 출력하고 싶은 stl 파일 준비

싱기버스

 모델링 프로그램으로 만들어 준비하거나
싱기버스 같은 오픈소스를 통해서 얻을 수 있다.

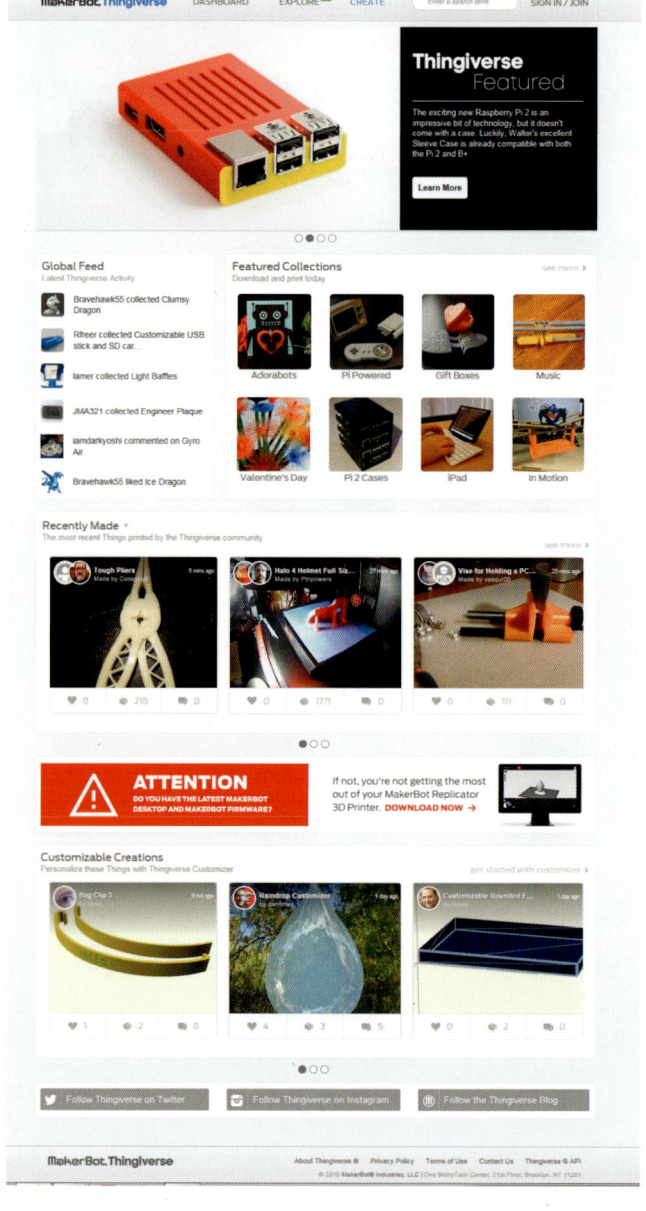

170 초·중·고를 위한 스스로 3D 프린터 만들기

VI-2. cura, slic 3R등으로 Gcode 변환

큐라

큐라로 stl파일을 열고 3D 모델링 된 파일을 출력할 곳과 하지 않아야 하는 정보를 담고 있는 G코드로 전환 한다.

큐라에서 기본 출력물을 인쇄하기 위해 크기 조절과 비율을 조절한다.

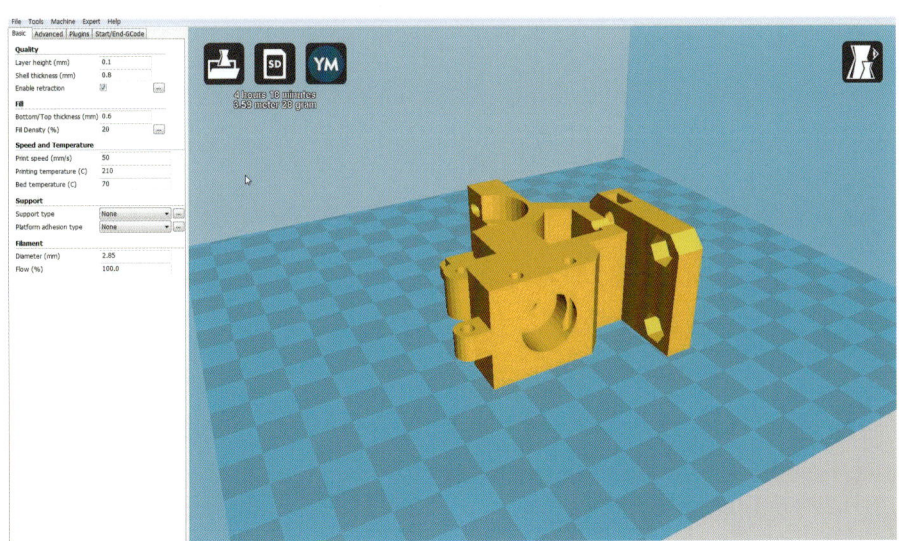

VI-3. 출력하기

베드수평조절

3D 프린팅은 입체이기 때문에 출력을 하기 전에 상하좌우의 수평이 맞는지를 확인해야 원하는 출력물을 얻을 수 있다.

수평을 맞추기 위해서는 옆의 그림과 같은 순서대로 히팅베드를 움직여 입출기와의 간격이 일정한지를 확인한다.

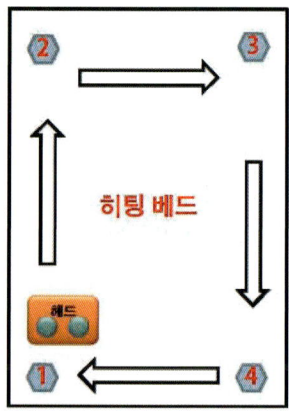

베드수평조절방법

1. 헤드를 1번 위치로 이동하고 1번 볼트로 노즐과 헤드 간격 조절
2. 헤드를 2번 위치로 이동하고 2번 볼트로 노즐과 헤드 간격 조절
3. 3번 위치에서 절차 동일
4. 4번 위치에서 절차 동일
5. 전체적으로 잘 맞는지 1, 2, 3, 4 위치에서 확인하고 필요시 반복함
6. A4지 한 장정도가 들어갈 틈이 있으면 적당하다.

3D 프린터와 컴퓨터(또는 노트북 등)를 연결을 확인한 후 출력을 한다.

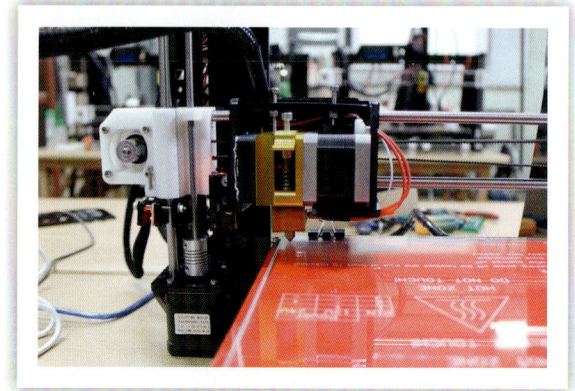

172 초·중·고를 위한 스스로 3D 프린터 만들기

VI-3. 출력하기

출력하기

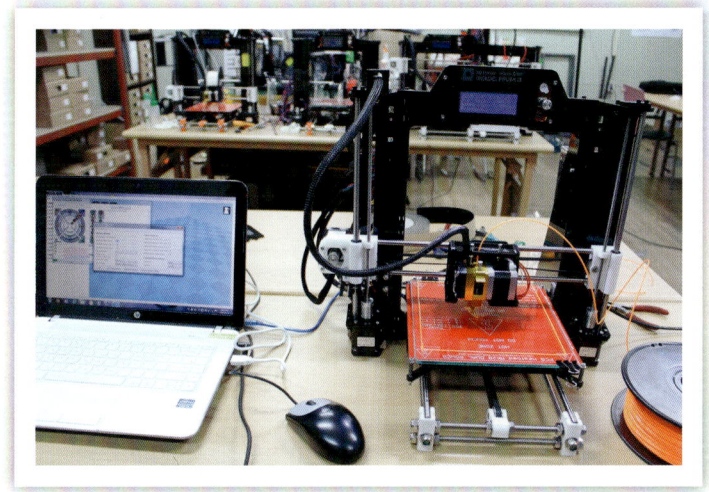

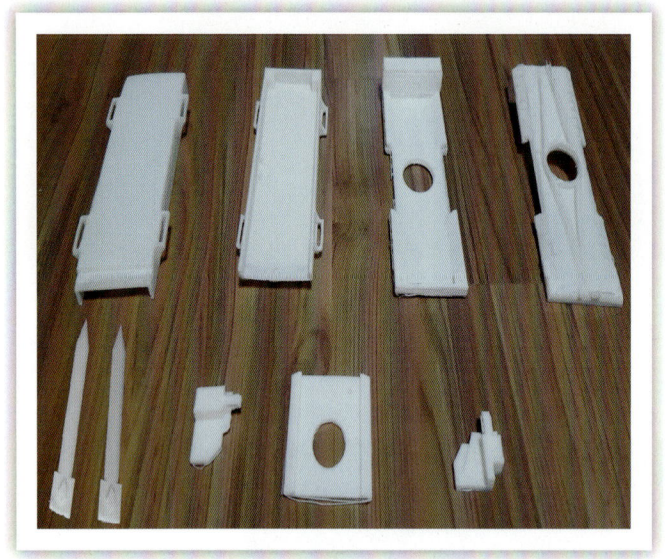

초등학교 4학년때 만들었던 히든블레이드를 다시 만들어 보고 싶어져서 기본부품들을 출력한 상태다.

싱기버스에서 만화 캐릭터나 일상생활에 필요한 공구부품, 등산고리 등을 출력하여 사용하였다.

유투브에서 무한 동력장치라는 것을 보아서 그 원리가 궁금하여 출력해보기도 했다.

폴리젯방식의 3D 프린터는 다른 색, 다른 재료, 다른 성질의 재료를 한번에 출력할 수 있어서 여러 방면에 활용될 수 있다.

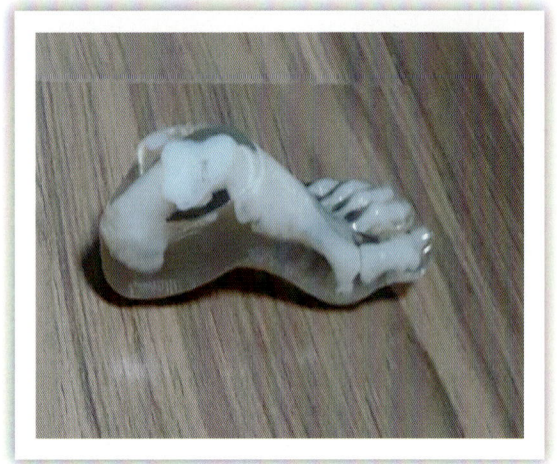 

3D 프린터로는 입체적이며 복잡한 구조여서 수가공으로는 만들 수 없는 것들을 1번의 출력으로 만들 수 있다. 아래 출력물은 한 쪽의 톱니를 돌리면 모든 톱니가 같이 돌아가는 출력물이다.

VI-3. 출력하기

응용1 - 출력물에 색칠하기

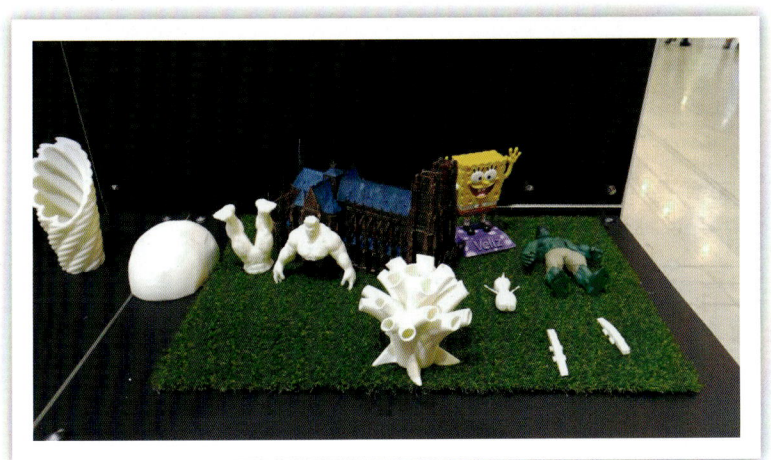

VI-3. 출력하기

응용2 - 주물로 보석만들기

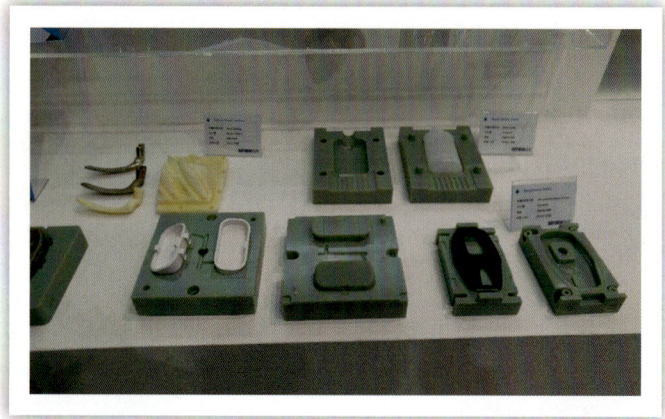

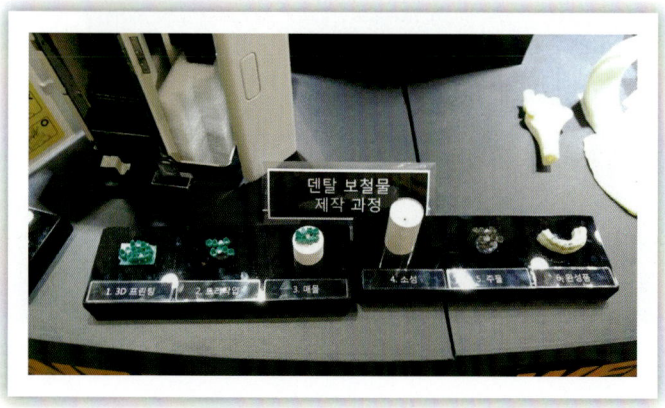

Ⅵ-3. 출력하기

응용3 - 기념품 만들기

3D 프린터 제작 교육수료증

중1이었던 2014년 1학기 여름방학에 3D프린터에 대한 공부를 시작하여 여름방학 과제로 내었으며 2학기 겨울방학에 교육수료와 부품들을 사서 제작 완료하였다. 그리고 겨울부터 여름방학과제에 조사하고 만들었던 과정들을 틈틈이 정리하였다.

3D 프린터관련 세미나 참석

2014년 3D 프린터관련 세미나에 참석하여 3D 프린터의 응용과 발전전망에 대하여 설명을 듣고 있다.

참석한 전시회와 강의들

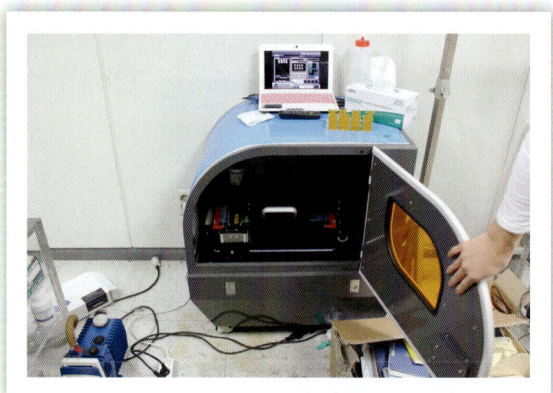
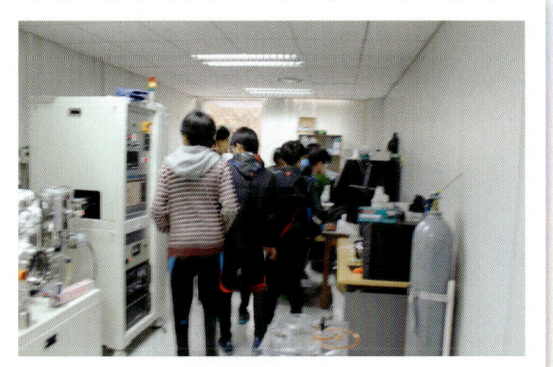

중1때 친구들과 3D프린터가 있는 대학 실험실을 탐방하는 중이다.

대학원생 형이 PPT로 3D 프린터에 대한 설명도 해주었다.

그 실험실에 있던 3D 프린터는 광경화성 수지를 이용해 조형물을 굳히는 SLA방식이었다. 이때는 처음으로 3D프린터를 본거라 다들 매우 신기해했었고, 흥미로워했다.

킨텍스에서 열린 2015년 3D 프린터 박람회를 관람 중에 있다.

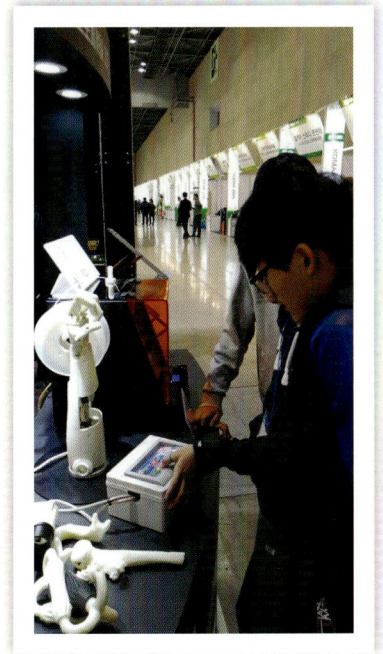
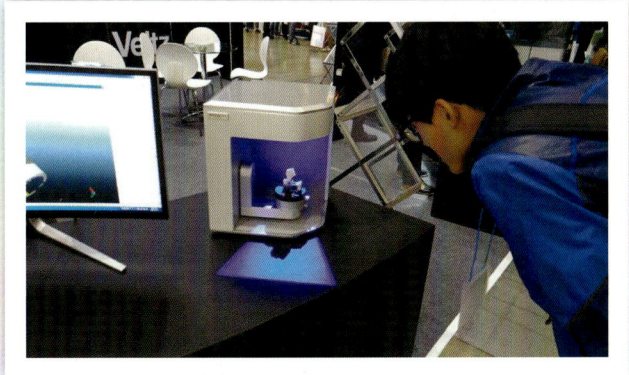

별첨 | 꿈과 적성을 찾아가는 학창시절

1. 스스로 공부하기
2. 하고 싶은 것은 해봐야 한다.
3. 만들고 싶은 것을 스스로 만들기
   어항만들기, 대장간, 행글라이더, 태양광충전기, 날개없는 선풍기, 파쿠르, 드론, 책쓰기

Ⅴ. 꿈과 적성을 찾아가는 학창시절

1. 스스로 공부하기

초등학교 1학년때부터 스스로 공책을 만들어 학원을 다니지 않고 스스로 공부하는 습관을 길렀다.

스스로 공책이란, 앞으로 자신의 공부계획에 대해서 적어놓고, 지키는 계획서이다. 분명 학원에 가는 사람들 중에서 스스로 할 자신이 없어서 가는 사람들이 있을 것이다. 그런 사람들에겐 자신의 공부계획을 적어가며 계획을 짜는 방법인 스스로 공책을 사용해 공부하면 확실히 자기주도학습실력을 기르는데 도움이 될 것이다.

스스로 공책에 매일 내가 공부하고 싶거나 해야 할 과목을 2~3과목을 3~4쪽씩(초등학교 저학년대는 2과목 2쪽식, 고학년으로 올라갈 수록 양을 늘려나갔다) 적어 문제집을 푸는 것이다.

기록하면서 스스로 어떤 공부가 부족한지 생각도 하면서, 공부하는 경험과 습관을 길렀다. 사실 요즘에 학원을 다니는 사람이 점점 많아지고, 어쩔 수 없이 다니기도 하는데 그전에 스스로 공부하는 경험을 쌓아두면 꽤 도움에 될 것이다.

만약 학원에 다니고 있다면 주요과목을 다니면서 다른과목들은 스스로 공부하는 연습을 해두면 좋을 것 같다.

스스로 공책은 학원을 안다니는 과목이나, 사교육을 아예 안하는 사람들에게 큰 도움이 될 것이다.

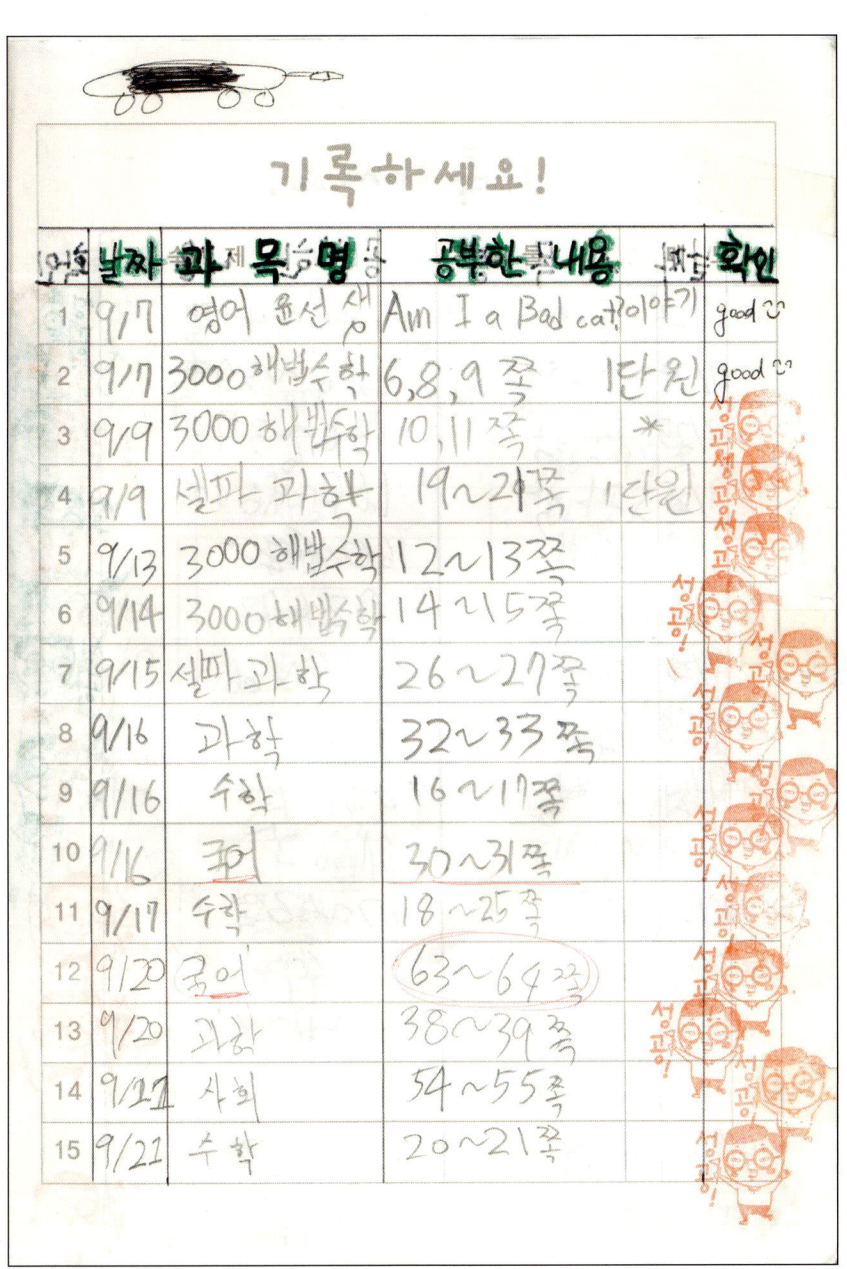

5학년때 스스로 공책

Ⅴ-2. 하고 싶은 것을 해야 한다.

2. 하고 싶은 것은 해봐야한다

> **텐트 치기**
>
> 유치원때부터 부모님과 캠핑을 가서 팩박기, 폴대 세우기, 캠핑의자 펴기, 타프치기, 톱질로 나무 자르기 등을 했다.

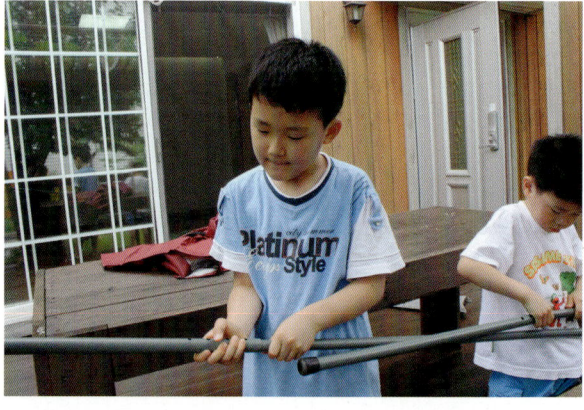

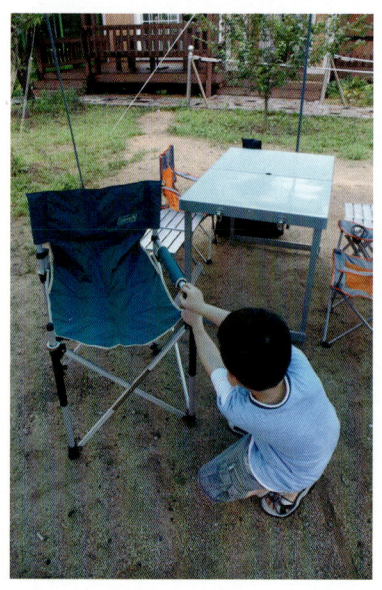

라이터없이 파이어스틱으로 불 지피기

장작패기

암벽타기

토치램프로 나무 불 붙이기

별첨: 스스로 하기

계곡 트래킹

비가 오는 날이나 다음 날 계곡 트래킹하기

파쿠르 팀 SKELETON

PC방 대신 뛰고, 넘고, 플로우...

파쿠르 중1 중반부터 파쿠르를 알게 되었으며, 페이스북이나 밴드를 통해 사람들과 만나고 서로 배우며 경험을 쌓아오고 있고, 중1 겨울쯤에 파쿠르 팀 스켈레톤(https://www.facebook.com/teamskeleton)을 만들고 팀원을 뽑은 다음, 지금 가지 같이 훈련해 오고 있다.

파쿠르는 흔히 야마카시로 잘못알려져 왔다. 야마카시는 최초의 파쿠르 그룹이고, 파쿠르는 그 그룹에서 만든 훈련의 이름이다. 파쿠르는 장애물을 넘고, 벽을 오르고 뛰는 등 꽤 우리가 어렸을 때 혹은 지금 뛰어노는 모습과 많이 비슷하며, 효율성과 예술적인면등을 추구하고 꽤 간단하기도, 복잡하기도 한 철학을 갖고 있다.

나는 파쿠르 덕분에 인생자체가 바뀌었으며 성격도 바뀌었고, 세상을 바라보는 시각이 달라졌다. 흔히 사람들은 길을 걸으며 스마트폰을 보거나 땅쪽 혹은 앞만 보고 걷고, 나도 그랬었다. 하지만 파쿠르를 하면서 나는 플로우(Flow : 파쿠르 기술들을 이어서 만드는 움직임의 흐름)를 만들기 위해 스스로 건물, 시설들을 보면서 땅이나 앞, 스마트폰이 아닌 하늘을 보고, 평소에 못 보던 곳을 보게되며 새로운 삶을 사는 느낌을 받았다.

그러나 뭐 이게 도둑질처럼 보이기도하고 심지어 경찰에 신고당해 설명해야만 하기도 했다.

요즘은 좀 나아지고 있지만 이런 단점 말고, 파쿠르

그러나 같이 파쿠르를 하는 친구들, 사람들과 노력해서 주변사람들의 시선이 바뀌었다. 파쿠르 덕에 몸도 건강해지고, 평소 같으면 만날 일도 없는 다른 지역 사람들과 파쿠르 모임을 통해 만나게되고, 팀도 만들어 팀을 리드하는 경험도 쌓게되며 단점에 비해 수많은 장점들이 있다.

팀원들하고 파쿠르 훈련을 한 것을 동영상으로 찍은 후 편집기로 편집하여 유투브와 페이스북에 올려 팀원들과 공유한다.

별첨 : 스스로 하기

V-3. 만들고 싶은 것을 스스로 만들기

(초3) 독서가족신문만들기

독서가족신문

편집인: 이해찬 / 도와준 이: 아빠, 엄마, 해봄

우리 가족 감동있게 읽은 책들

🔖 **해찬 : 아낌없이 주는 나무 / 쉘 실버스타인**

어느 한 소년과 나무가 있었다. 나무는 소년을 사랑했다. 소년은 날마다 나무랑 같이 놀았다. 소년은 크고, 사랑에 빠졌다. 나무는 혼자였다. 어른이 된 소년은 나무를 찾아와 돈이 필요해 사과를 모두 따서 팔았다. 세월이 흐르고, 소년은 집이 필요해 나무의 가지를 모두 잘라 집을 지었다. 다음엔 여행을 가고싶어 나무의 줄기를 잘라 배를 만들었다. 다음에 돌아온 소년에게 나무는 뭐라도 주고 싶지만 줄 것이 없어 슬펐다. 소년은 쉴 곳이 필요해 나무의밑둥에 앉았다. 소년을 위해 모든 것을 주는 나무의 행동이 감동적이다.

🔖 **해봄 : 앗! 공룡이 다가온다. / 삼성출판사**

공룡그림이 입체이어서 좋다. 3D안경을 쓰고, 얼굴을 움직이면 공룡이 살아서 움직이는 것 같다.

🔖 **아빠 : 러시아에서 그분과 함께 / 취제크신부**

취제크신부님은 러시아 선교를 갔다가 공산당에게 붙잡혀 평생을 시베리아 수용소에서 막노동을 하며 정작 선교활동은 못하셨지만 항상 하느님을 신뢰하며 자신에게 주어진 시간과 상황에서 주위에 있는 러시아 죄인들을 사랑하며 사셨다.

🔖 **엄마 : 하늘 호수로 떠난 여행 / 류시화**

'그대가 곁에 있어도 나는 그대가 그립다' 외에 많은 작품을 출품한 류시화씨의 인도 여행기로 그가 10년 동안 열 차례에 걸쳐 인도여행을 하면서 겪었던 엉뚱하고 기발한 체험들을 바탕으로 그 안에서 느꼈던 감동들을 고스란히 전해준다. 인도 사람들 특유의 직설적이면서도 철학적인 이야기들이 굉장히 이색적이고 흥미롭게 느껴져 읽는 재미를 더 한다.

〈아빠가 쓴 겨자씨 시리즈〉

〈아빠가 번역한 책들〉

사진기사

↖ 자라섬으로 캠핑 가서 책을 읽는 모습 ㅋㅋ
바퀴가 달린 플라스틱블록상자 위에 두꺼운 종이상자를 놓고, 그 안에 ↗
해봄이가 앉아 책을 읽고 있다.

우리집에 있는 신기한 책 : 공룡이 다가온다.
(이유 : 3D안경을 끼고 보면 입체로 볼 수 있기 때문이다.)

책 제목: 어린왕자
1. 어떤 나무를 손을 늦게 대면 어린왕자의 별이 산산조각 납니까?
2. 어린왕자가 제일 좋아 하는 꽃은?
3. 세번째 별에서 술을 많이 마시던 사람은?
4. 어린왕자한테 머리를 든 뱀의 색은?
☞ 정답은 4쪽에

편집후기
자판 칠 때 손가락이 좀 아팠지만 신문 만드는 방법을 알게 되고 자판을 좀 더 잘 칠 수 있어서 좋았다.

새로 산 책

행복한 한국사 초등학교 : 5000년 한국사의 시대와 인물, 사건들이 실감나게 펼쳐지고, 옛 사람들의 삶과 이야기가 진솔한 감동으로 다가 오는 본격 어린이 역사 교양서이다.

책소개

1. **화가 나는 건 당연해 :** 화를 푸는 좋은 방법이 없을까? 자신의 화를 잘 풀고, 해결하도록 돕는 방법을 소개하는 인성 교육 동화이다. 자신의 마음을 잘 다스림으로써 다른 사람의 마음까지도 배려할 수 있도록 돕는 '마음성장' 책이다.

2. **짧은 동화 긴 생각 :** 우리의 생각과 마음을 밝고 긍정적으로 만들어 주는 이야기 모음집. 재미있는 그림과 글이 있어 더 재밌다.

3. **아낌없이 주는 나무 :** 옛날에 나무 한 그루가 있었다. 소년은 나무를 무척이나 사랑했다. 나무는 소년의 행복해 하기를 원해 자신의 모든 것을 아낌없이 주었고, 소년이 청년부터 노인이 될 때까지 나무는 여전히 그곳에서 아낌없이 자신의 모든 것을 내주었다. 바라지 않고 진심을 다해 사랑하는 것이 어떤 것인지를 잘 보여주는 마음이 따뜻해지는 동화이다.

책과 관련된 명언

1) 책을 하루라도 안읽으면 입안에 가시가 돋는다. -안중근 의사-
2) 돈이 약간 생기면 나는 책을 산다. 그러고도 남는 것이 있으면 음식과 옷을 산다.   -에라스무스-
3) 책은 한권 한권이 하나의 세계이다. -월리웜워즈워스-
4) 책을 읽음에 있어 어찌 장소를 가릴 것이랴. -퇴계 이황-
5) 새로운 책이 출판되면 오래된 책을 읽어라. -로저스-

스키 가족 여행 & 스키 책

저자 : 김동한 / 출판사 : 리더스하우스
정가 : ~~11,000원~~ 9,350원

❋❋❋ 스키의 기술 ❋❋❋
1. 넘어지고, 일어나는 법
2. 프르그 파렌
3. 프르그 보겐
4. 사활강
5. 슈템턴
6. 싸이드 슬립
7. 패러렐 턴
8. 롱턴, 미들턴, 숏턴

2011년 1월 19일부터 22일까지 3박 4일간 강원도로 가족여행을 갔다. 이효석문학관, 허브나라, 눈썰매, 휘닉스파크 스키장, 블루케니언, 주문진 겨울바다, 정선 레일바이크, 화암동굴 등을 여행했다.

이 중 휘닉스 파크에서 이틀간 스키를 탔다. 첫 재 날에는 초급을 연습하고, 둘째 날에는 중급을 연습했다. 넘어지고 일어나는 법, 프르그 파렌, 프르그 보겐, 사활강, 슈템턴, 싸이드 슬립 등을 익혔다. 리프트도 탔다. 처음엔 무서웠는데 익숙해져서 나중엔 재밌었다.

이중사진

이 그림들이 어떻게 보이시나요?
이 그림들은 모두 두 가지 사진이 합쳐져 있는 그림이랍니다.

독서퀴즈 정답 : 1)바오밥나무 2)장미꽃 3)술고래 4)노란색

Ⅴ-3. 만들고 싶은 것을 스스로 만들기

(초3) 앤드폰 안경 만들기

가족들과 별난박물관에 놀러가 여러 가지 재밌는 발명품, 아이디어들을 구경했다.

집에오고 나도 재밌는 아이디어를 내보고 싶어서 핸드폰을 갖고 별난 안경을 만들었다.

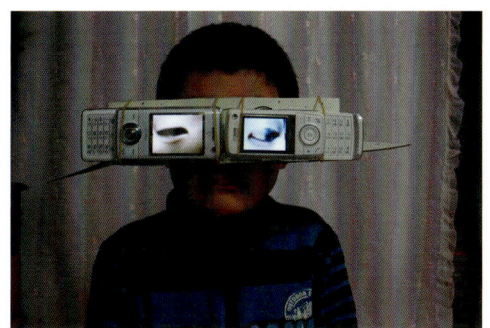
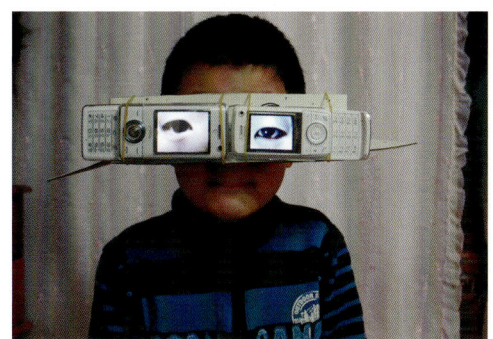

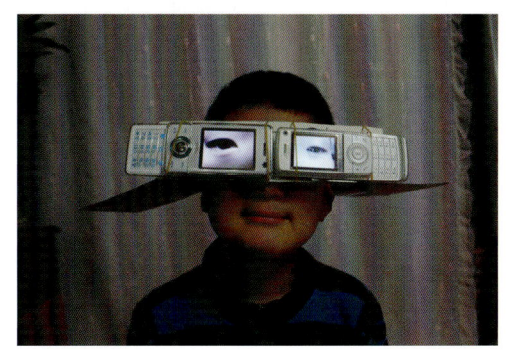

V-3. 만들고 싶은 것을 스스로 만들기

(초4) 어항 만들기

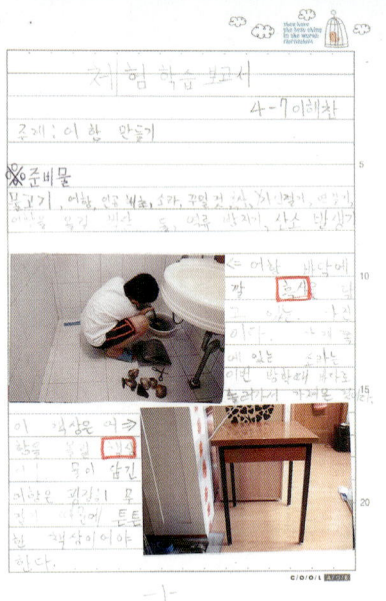
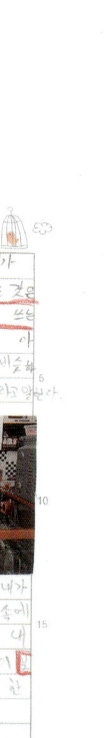

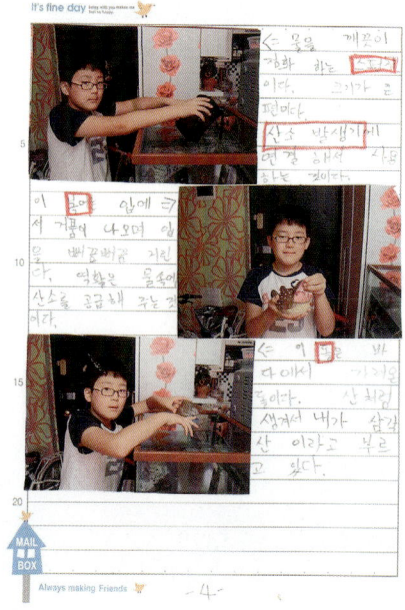

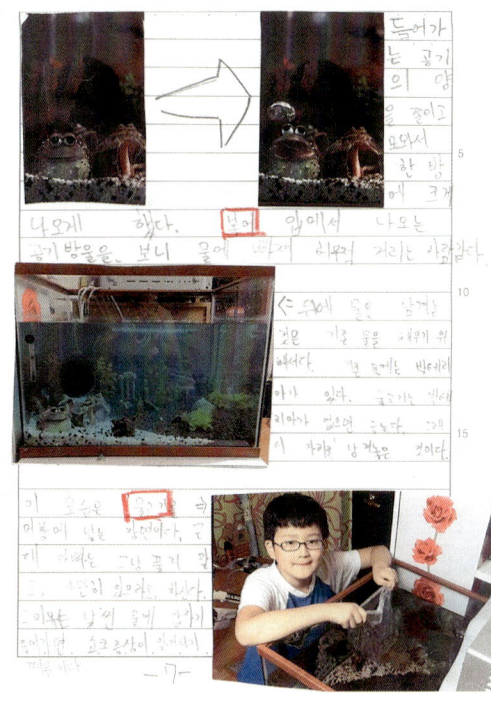

V-3. 만들고 싶은 것을 스스로 만들기

(초4) 삼투압 실험하기

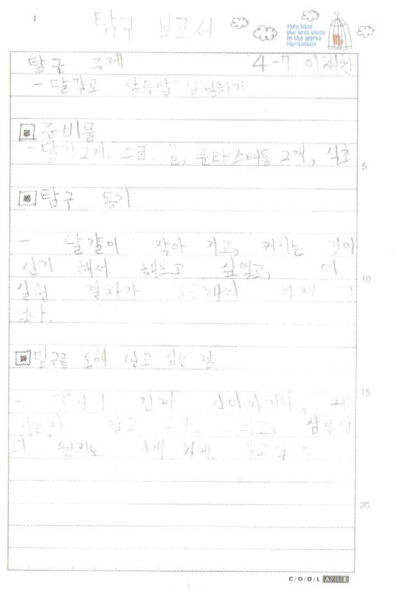

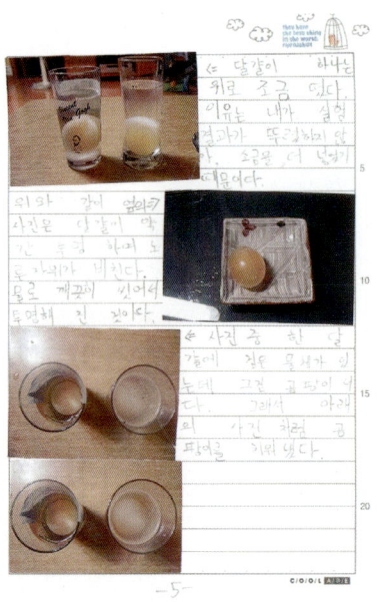

가 높은 달걀이 수분을 흡수하여 달걀이 커진다.

◻ 느낀점과 생각
 실험전에 달걀이 커지고 작아지는 것이 신기해서 이 실험을 하기로 결정 했는데 실제로 실험을 하니깐 더 신기했다.

◻ 참고문헌과 참고 사이트
-책-
Why? 실험관찰
출판: 예림당

- 사이트-
1. http://edu4love.blog.me/100110246 22
2. http://blog.naver.com/mee6384?Redirect=Log&logNo=30090364830

-7-

Ⅴ-3. 만들고 싶은 것을 스스로 만들기

(초4) 히든 블레이드 만들기

유투브에서 게임에 나오는 무기를 만드는 사람을 보고 멋지다는 생각이 들었고, 나도 한번 꼭 만들어 보고 싶어서 히든블레이드라는 무기를 만들어 봤다.

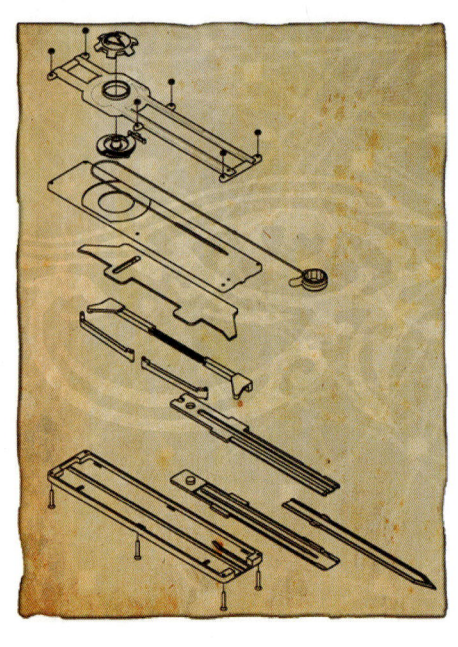

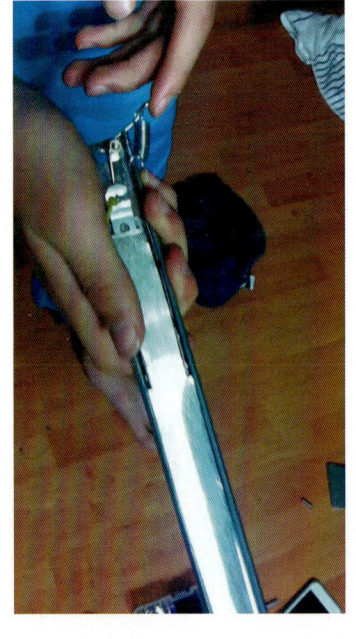

손목에 무기를 차고 작동하면 숨겨진 칼날이 나오게 하는 원리다.

부록 꿈과 적성을 찾아가는 학창시절

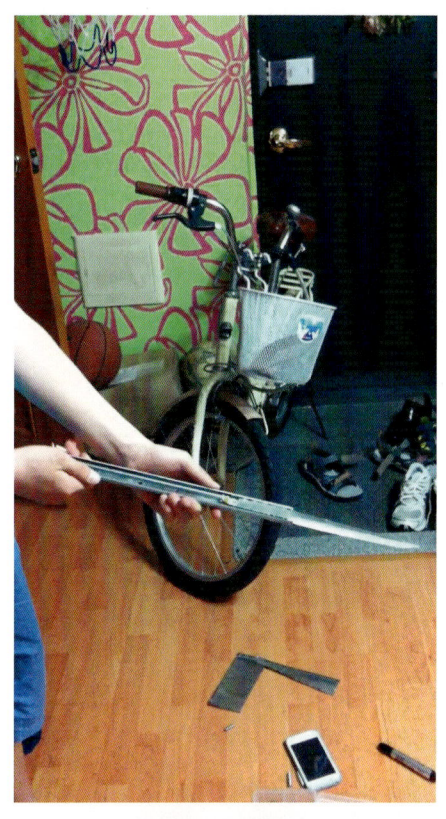
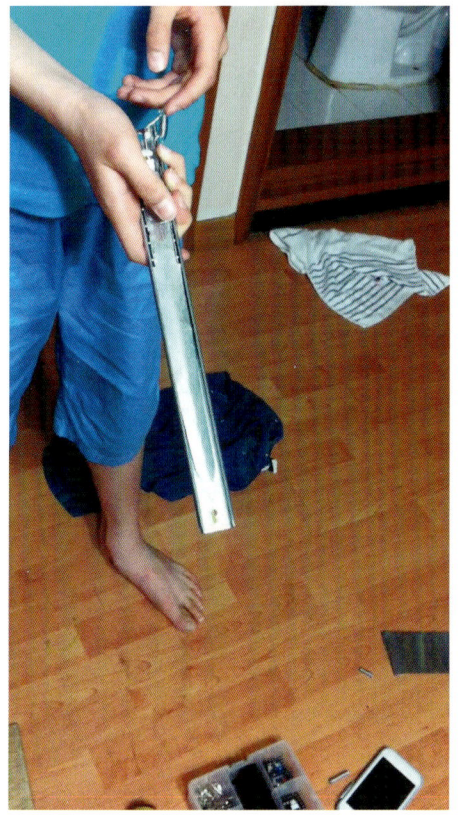
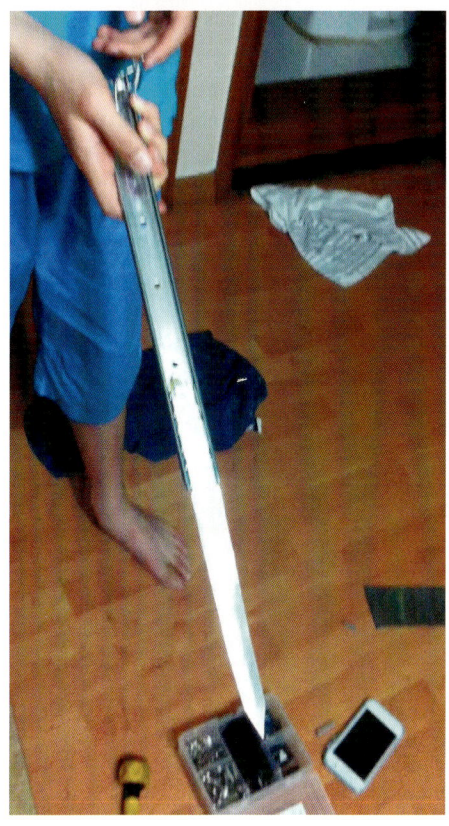

별첨 : 스스로 하기 205

V-3. 만들고 싶은 것을 스스로 만들기

(초4) 가족신문 특별호

가족신문 특별호
조선의 맛!

편집인: 이해찬 / 도와준 이: 아빠, 엄마, 해봄

우리 가족이 좋아 하는 음식들

🌱 **해찬 : 된장**

왜냐하면 나는 짭잘한 음식을 좋아 하기 때문이다. 된장은 콩으로 만들어서 대머리 예방에도 좋고, 암도 예방 해주어 좋다. 그리고 난 된장으로 만든 음식 가운데 된장찌개도 좋아 한다.

🌱 **해봄 : 치킨**

집에서 별명이 육식동물인 해봄이는 후라이드 치킨을

좋아한다. 왜냐하면 달콤하고, 바삭하기 때문이다.

🌱 **아빠 : 마른 오징어**

아빠는 쫄깃쫄깃하고, 향긋한(?) 마른 오징어를 좋아하신다. 엄마와 함께 맥주드실 때, 마른오징어를 물에 30분 가량 담구었다가 구워 매콤한 고추장에 찍어드신다.

🌱 **엄마 : 김치찌게**

김치와 돼지고기를 같이 넣어 끓이는 것을 좋아하신다. 왜냐하면 김치의 깊은 맛과 돼지고기의 고소한 맛이 어우러져서 그 맛이 일품이기 때문이다.

🔵 조선의 임금님이 드시던 궁중 음식들 🔴

신선로 — 색별로 담은 어육과 푸성귀(채소)를 장국과 함께 끓인 음식

타락죽 — 찹쌀을 맷돌에 갈아서 우유를 넣어 끓인 죽

구절판 — 색별로 9칸에 담겨져 있는 점병에 푸성귀와 고기를 싸먹는 음식

궁중떡볶이 — 각종 고기와 푸성귀와 떡을 넣어 볶은 맵지 않은 원조 떡볶이

"조선의 맛!"

고려대학교 제13기 박물관? 놀이터! 체험 보고

장소: 고려대학교 박물관
날짜: 2012.1.5~1.6

우리의 주식! 쌀밥의 유래

처음에는 곡식을 불에 과자처럼 구워 먹었다고 한다. 그다음은 떡처럼 시루에 쪄 먹었고, 마지막으로 삼국시대부터 우리 시대처럼 솥에 밥을 짓게 되었다.

조선시대 전기 밥솥

 +  =

질밥통   곱돌솥   전기밥솥

양반들의 식문화

양반들의 수저집과 주전자, 찬합들이다. 맞는 이름과 새겨진 상징동식물을 연결하세요.

 •   수저집   • **박쥐** 복을 가져다 줘요.

 •   찬합   • **모란** 부자가 되게 해주세요.

 •   주자 (주전자)   • **십장생** 오래 살게 해주세요.

사진기사

 ← 이 장면은 스크린으로 공부하는 중이다.

 ← 이 사진은 김치를 담그는 중이다.

이건 우리가 박물관에 가서 중요한 것을 적는 중이다. →

이사진은 떡판에 무늬를 찍는 모습이다. →

조선시대 평생도 (平生圖) 속의 음식

평생도: 사람이 태어나서 죽을 때까지 기념이 될만한 경사스러운 일들을 골라 그린 풍속화이다.

 ←김홍도의 평생도로 돌잔치의 모습이고, 떡을 높이 쌓았는데 이유는 오래오래 살라는 뜻이다.

 ←이 그림은 작가가 미상으로 누가 그렸는지는 아무도 모르지만 이 장면은 혼례를 치르는 중이다.

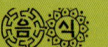 

Quiz1. 조선시대 사람들은 하루에 몇 끼를 먹었을까요?

Quiz2. 조선시대 왕과 양반, 평민은 어떤 밥 먹었을까요? (정답은 대장금에게 물어보세요.)

대장금은 조선시대 음식 드라마로서 전 세계에서까지 인기가 높아 우리 한국의 음식한류가 퍼지게 되었다.

재밌는 음식 사진

음식에 관련된 조선시대 책

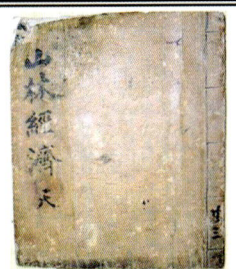

산림경제: 조선 숙종 때 실학자 홍만선(洪萬選)이 엮은 농서 겸 가정생활서.

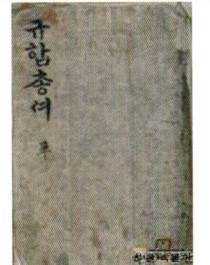

규합총서: 1809년 (순종 9) 빙허각(憑虛閣) 이씨(李氏)가 엮은 책.

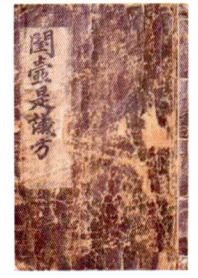

음식디미방: 조선 후기 안동 지역에서 살았던 정부인 안동장씨가 말년에 저술한 음식 조리서.

음식에 관련된 조선시대 그림

조찬소: 이 그림은 『의령남씨가경완도권』의 일부이다. 1605년 음력 4월 한양의 삼청동에 있는 예조의 공관에서 경수연을 열었을 때의 모습을 그린 것이다.

동래부사 접왜도: 1730년대 겸재 정선이 객사에서 일본사신이 조선국왕에게 숙배하고, 우리나라와 일본이 음식문화를 교류하는 장면을 그린 것이다.

봉수당진찬도: 정조가 부친 사도세자의 묘소에서 혜경궁 홍씨의 탄신 일주갑을 기념하여 베풀어진 진찬을 그린 장면이다.

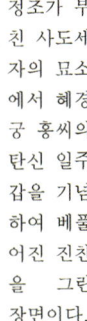
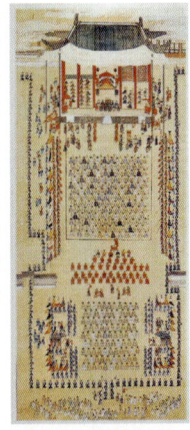

재미있는 음식관련 속담

1) 떡줄 생각도 안하는데 김칫국부터 마신다.
2) 급히 먹는 밥이 목이 멘다.
3) 번갯불에 콩 볶아 먹는다.
4) 부모 말 들으면 자다가도 떡이 생긴다.
5) 사흘 굶으면 포도청의 담도 뛰어 넘는다.

편집후기: 힘들었고, 뿌듯하다. 그리고 자판치는 연습을 좀 더 해야겠다.

V-3. 만들고 싶은 것을 스스로 만들기

(초5) 쇳물 녹여 두들겨 보고싶다

쇠를 가열하여 두둘기면 어떻게 될지 궁금하여 아빠에게 말했더니 대장간체험하는 곳에 데려다 주셨다.

쇠를 가열하고 두들겨 썰매의 날을 만들고 나사를 조여 썰매를 만들었다

Ⅴ-2. 하고 싶은 것을 해야 한다.

초5) 친구들과 겨울캠핑

친한 친구와 함께 산으로 캠핑을 같이 가서 장작도 패고 놀며 추억을 만들고 싶었다

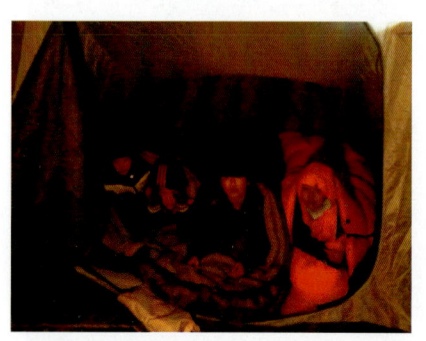

V-3. 만들고 싶은 것을 스스로 만들기

(초5) 행글라이더 만들기

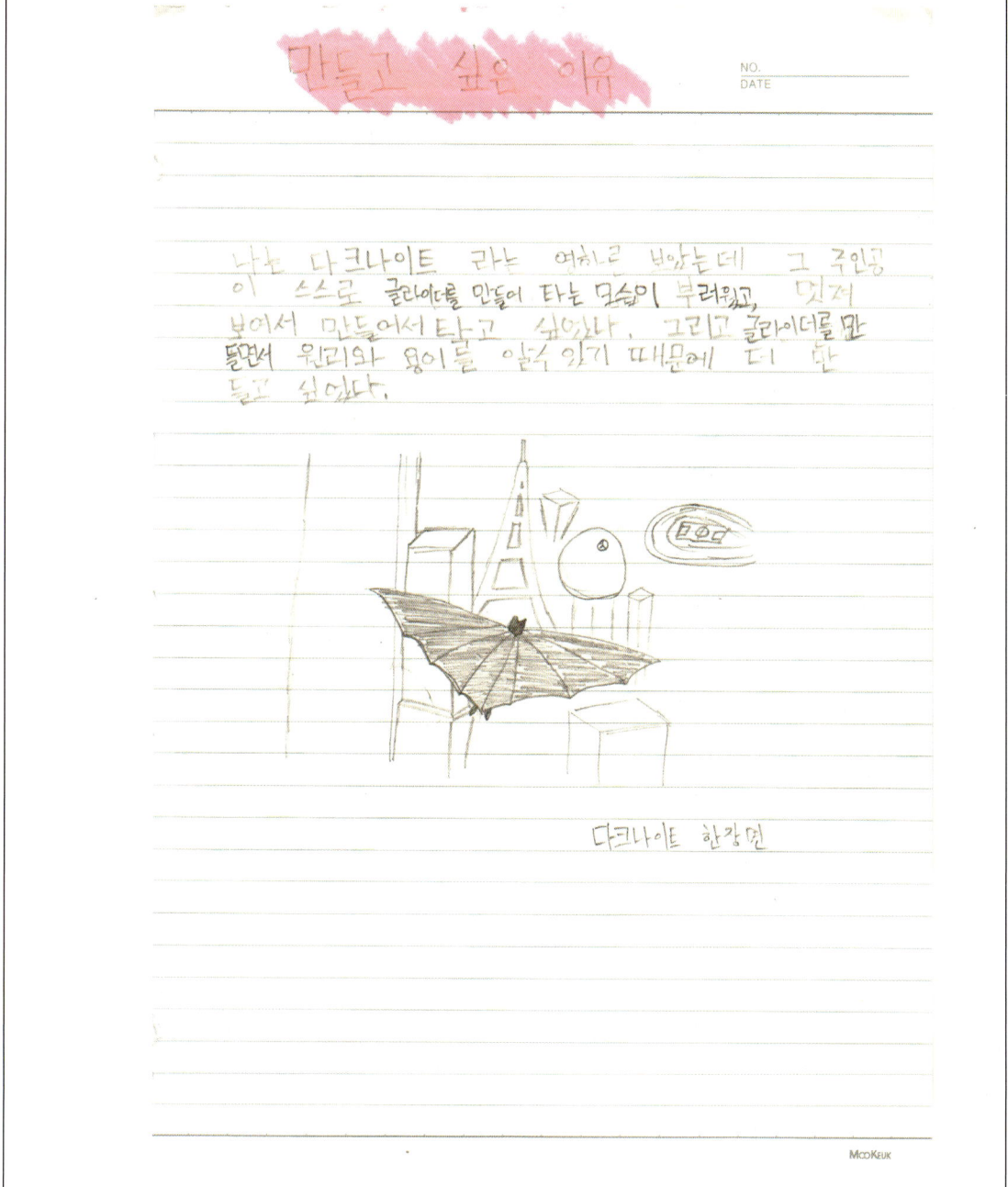

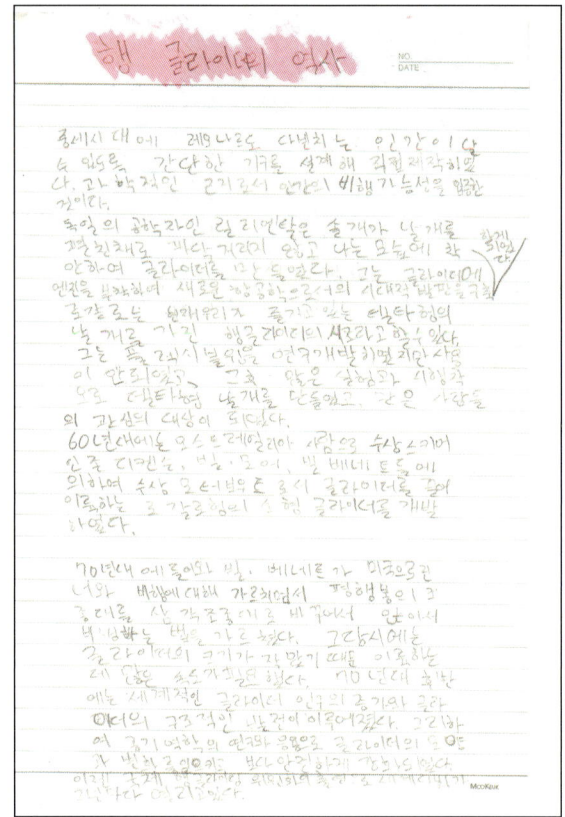

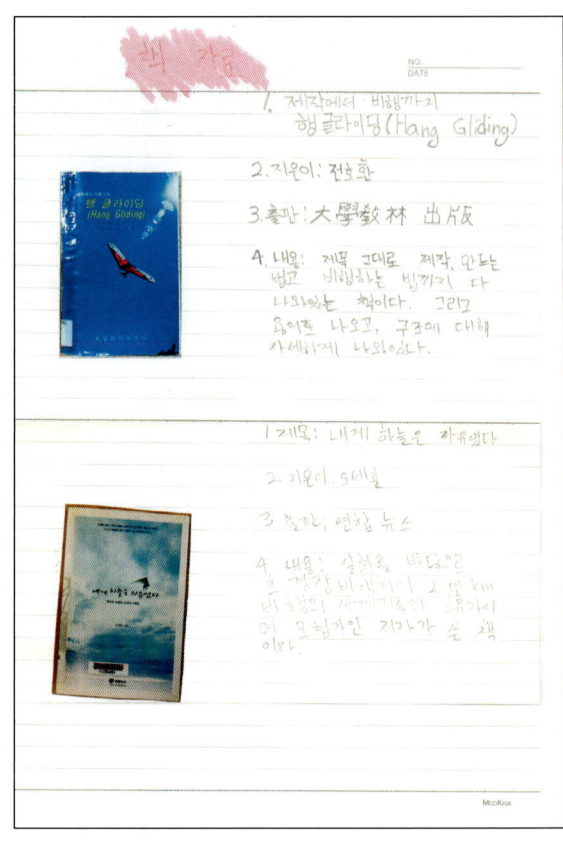

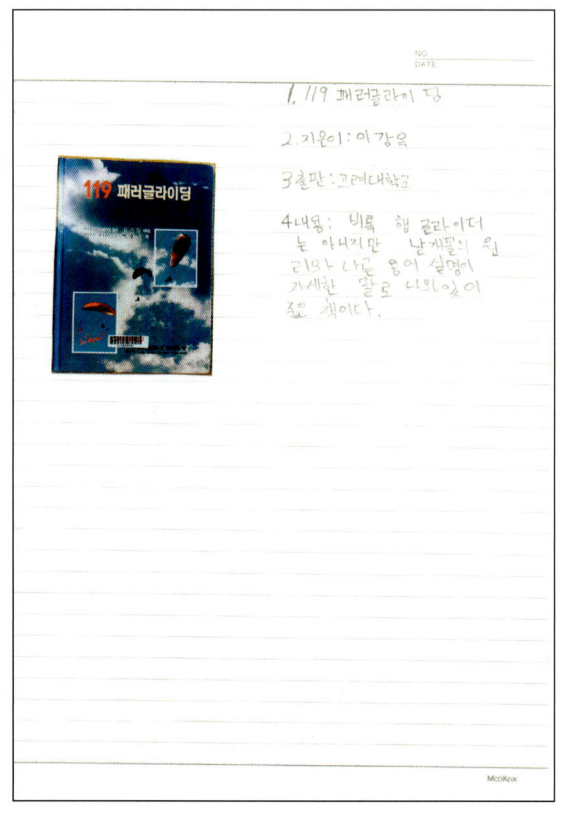

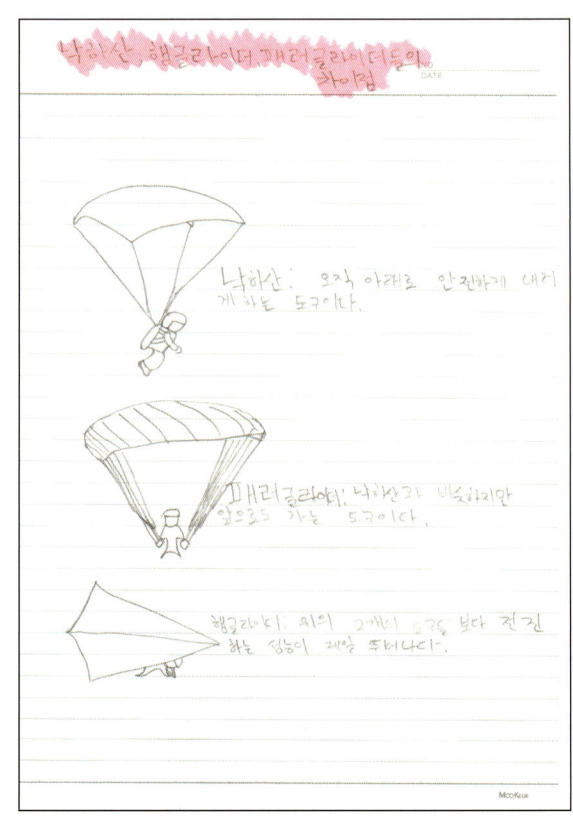

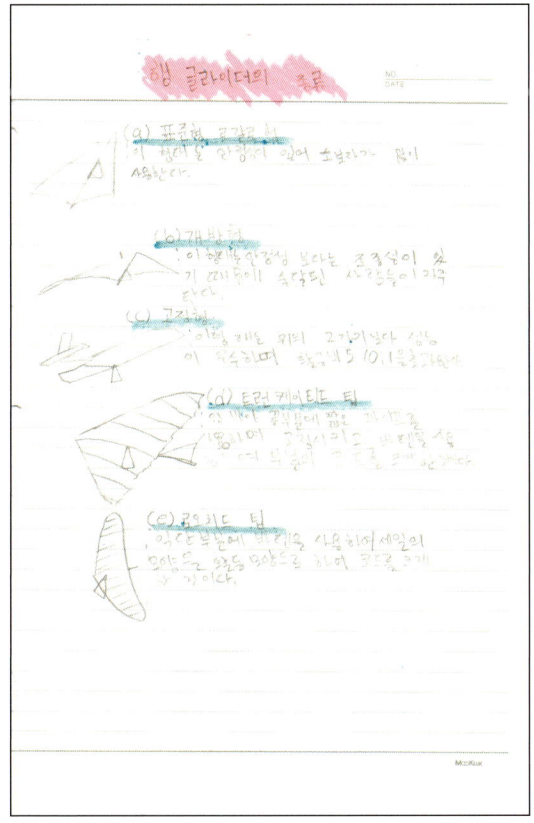

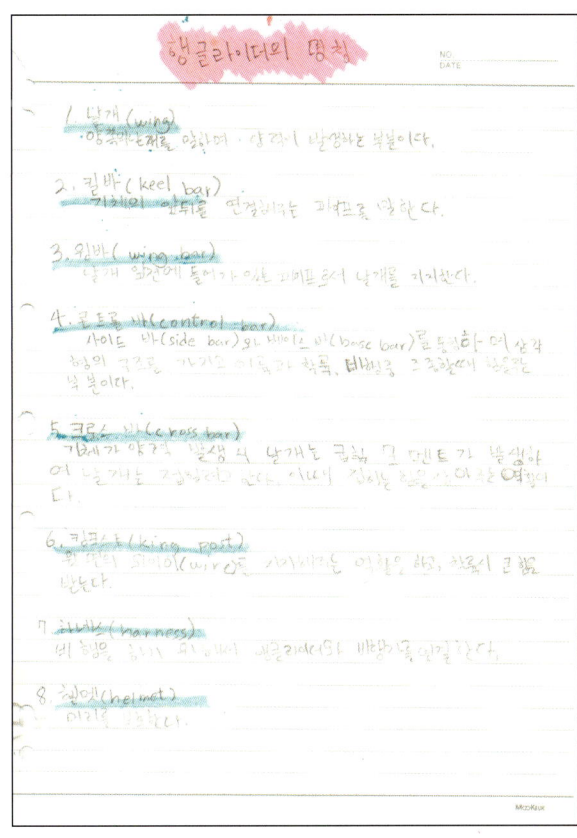

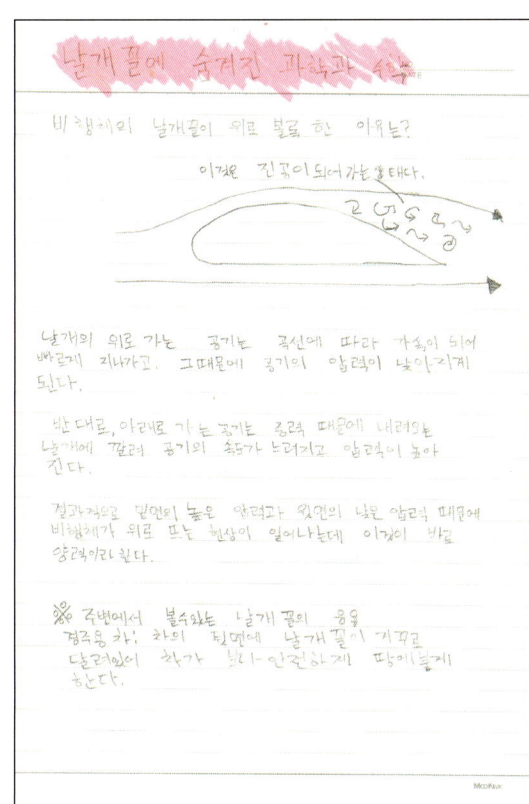

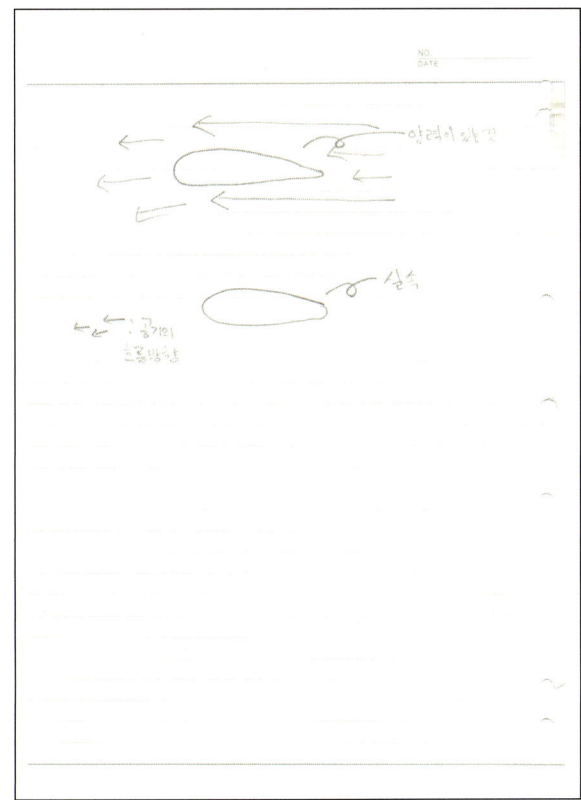

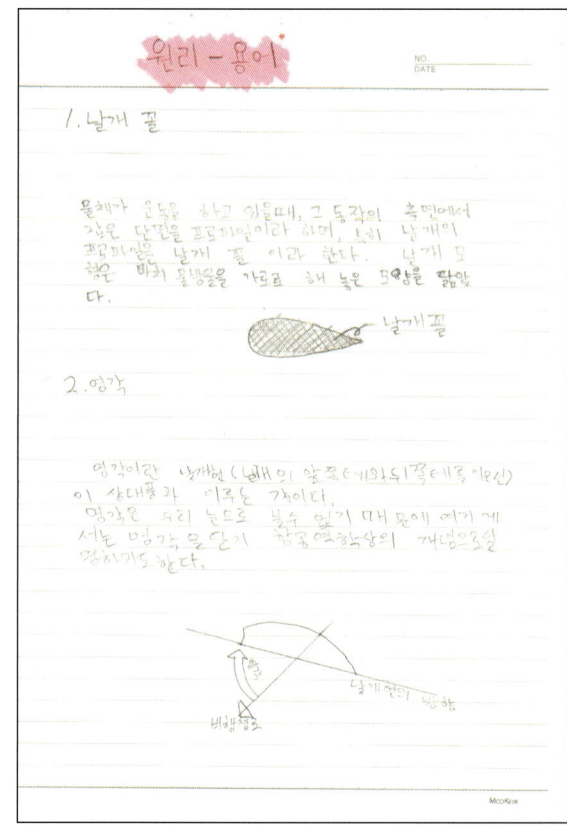

원리 - 용어

1. 날개 꼴

물체가 운동을 하고 있을때, 그 물체의 측면에서 잘라 단면을 프로파일이라 하며, 특히 날개의 프로파일은 날개 꼴 이라 한다. 날개 꼴은 바처 물방울을 가로로 해 놓은 모양을 닮았다.

2. 영각

영각이란 날개현 (날개의 앞쪽 (leading)점과 뒤쪽 (tail)점 사신) 이 상대풍과 이루는 각이다.
영각은 머리 눈도로 알수 있기 때문에 여기 에서는 영각을 단지 공기역학상의 개념으로만 생각하기로 한다.

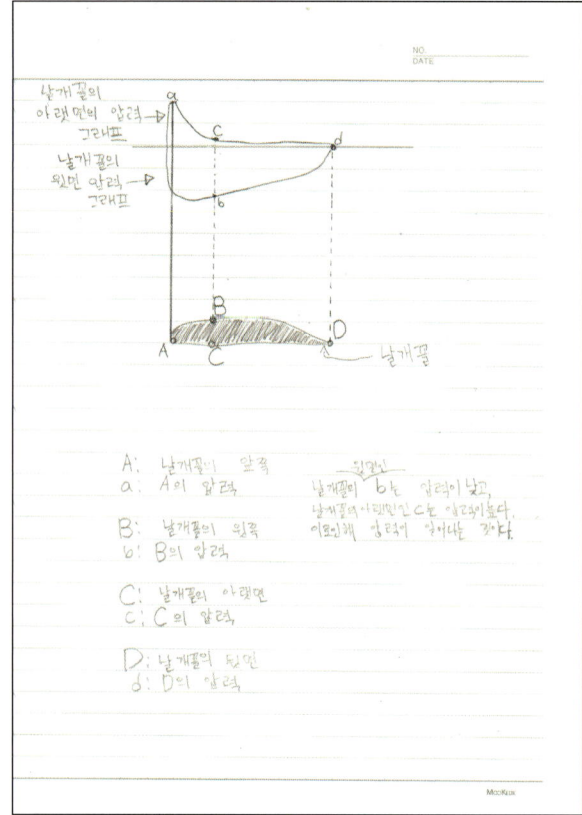

A: 날개꼴의 앞쪽
a: A의 압력
B: 날개꼴의 윗쪽
b: B의 압력
C: 날개꼴의 아래면
c: C의 압력
D: 날개꼴의 뒷면
d: D의 압력

3. 공기력 (RFA)

공기 흐름중에 날개를 넣었을 경우 공기의 입자는 날개가 있기때문에 속도와 흐르는 방향에 변화를 받게된다. 이와 같은 현상은 공기 입자가 물체의 존재 때문에 힘을 받고 있다는 것을 말한다. 날개는 이 힘에 반작용을 주고 공기에 의해서 힘을 받으며 이 힘은 양력과 항력으로 나누어진다.

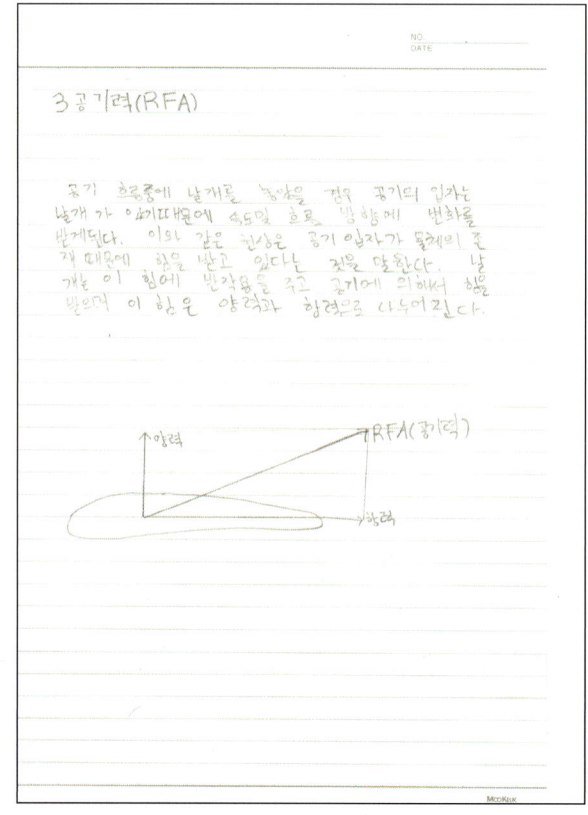

4. 양력 揚力 (lift)

양력은 비행체를 뜨게하는 힘이다.
양력이란 비행경로와 수직방향에 RFA의 성분 으로서 날개를 경로상에 떠받치는 힘이다.

5. 항력 抗力 (drag)

항력은 비행체의 속도를 떨어뜨린 힘이다.
항력이란 비행경로 에 RFA의 성분으로서 그 경로 상에서 날개를 멈추게 하는 힘이다.

6. 상대풍

비행하고 있는 항공기에 대한 상대풍이란, 그 항공 기에 타고있는 사람이 관측할수 있는 외측 바 람이다. 상대풍이 날개가 양력을 일으키 는 절대조건이고, 상대풍은 반드시 날개의 길만 대 쪽이 되는 것이다.

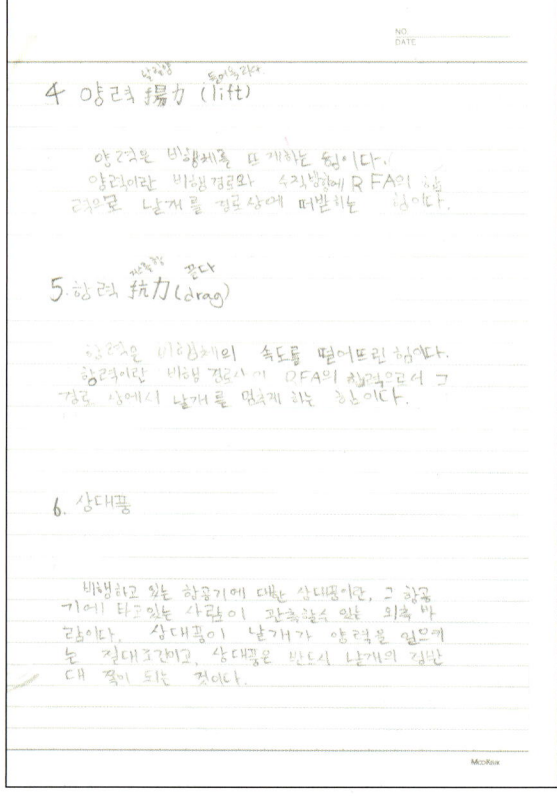

1. 실속 失速 (stall)

실속이란, 날개 끝 주위의 공기 흐름이 중단 되고, 양력이 떨어져 버리는 것을 말한다. 상대 풍 속에 적당한 영각을 준 날개끝을 놓으면, 날개 표면에 공기가 끊임없이 흐름으로써 안정된 공기력을 유지할 수 있을 것이다.

제작순배

1. 골격 제작
2. 킹포스트 제작
3. 조종대 제작
4. 골격 및 킹포스트 조종대를 주 볼트로 결합.
5. 랜딩 와이어 설치
6. 플라잉 와이어 설치
7. 세일 제작
8. 세일을 입힌다.

부품도

- ∅25 알루미늄 파이프 1700mm 1개 : 크로스 바아
- ∅25 알루미늄 파이프 1500mm 2개 : 길 바아, 킹 포스트
- ∅25 알루미늄 파이프 2000mm 2개 : 잉 바아 2개
- ∅25 알루미늄 파이프 2500mm 1개 : 킨트롤 바아
- ∅5 볼트, 너트 세트 13개
- ∅2 와이어 3000mm 2개
- ∅2 와이어 1000mm 6개
- 탱 (tang) 14개
- 더블 탱 (double tang) 2개
- 더 블라킷 2개
- 콘판 1개
- 세일 (폴리 에딜레)

부품도 2

- ∅10 알루미늄 파이프 425mm 1개 크로스 바아
- ∅10 〃   375mm 2개 임바아
- 〃   〃   625mm 1개 컨트롤
- 〃   〃   500mm 2개 킹 바아
- ∅4 – 15mm
- ∅4 – 25mm   5개
- ∅3 와이어   10m   1개
- 와이어 크립 1/8"   30개
- 와이어 턴버클 1/8" 4개
- 탱   14개
- 더블 탱   2개
- 더가 부라킷   2개
- 코판   1개
- 세일 (폴리 에딜레)

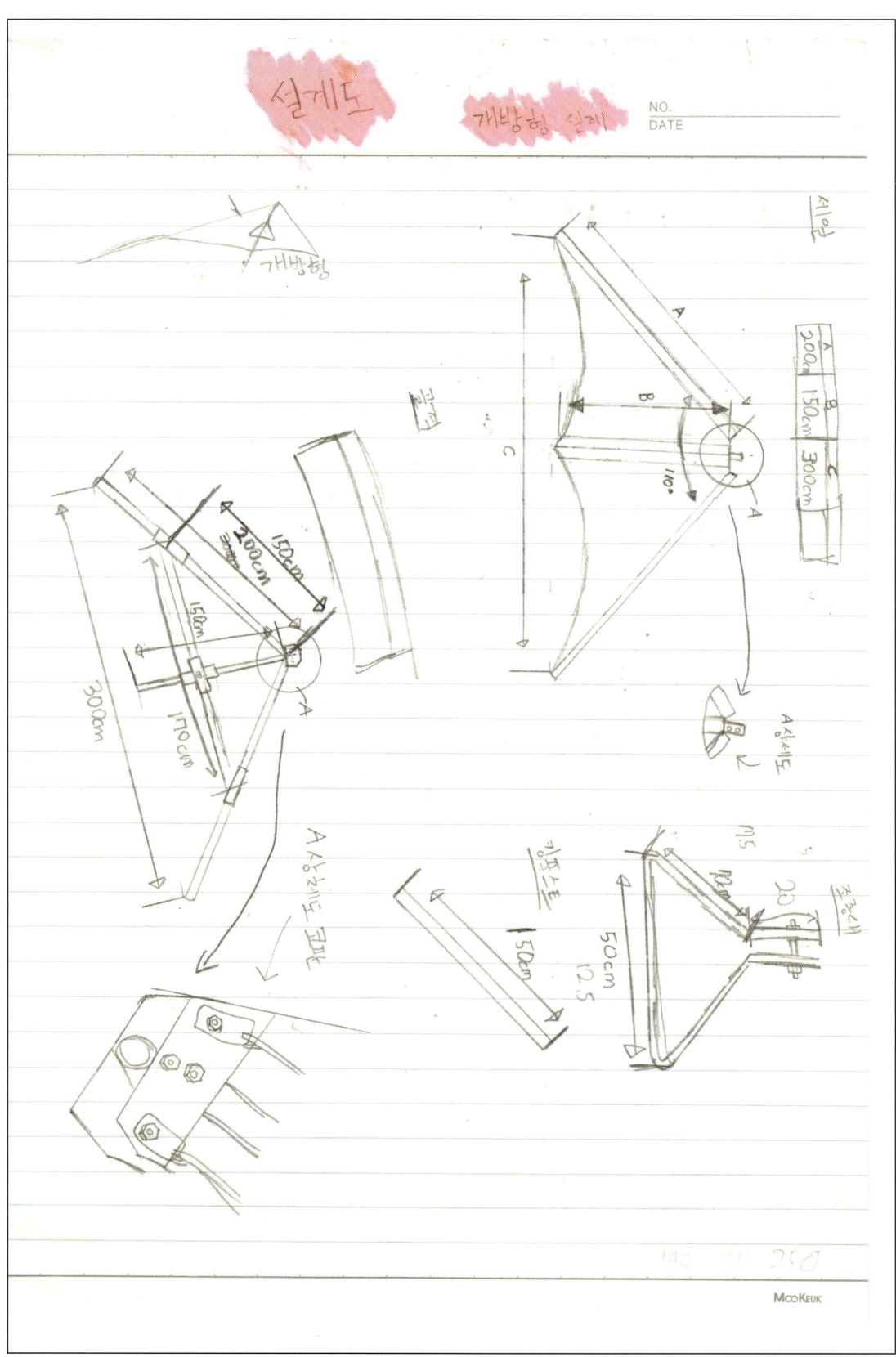

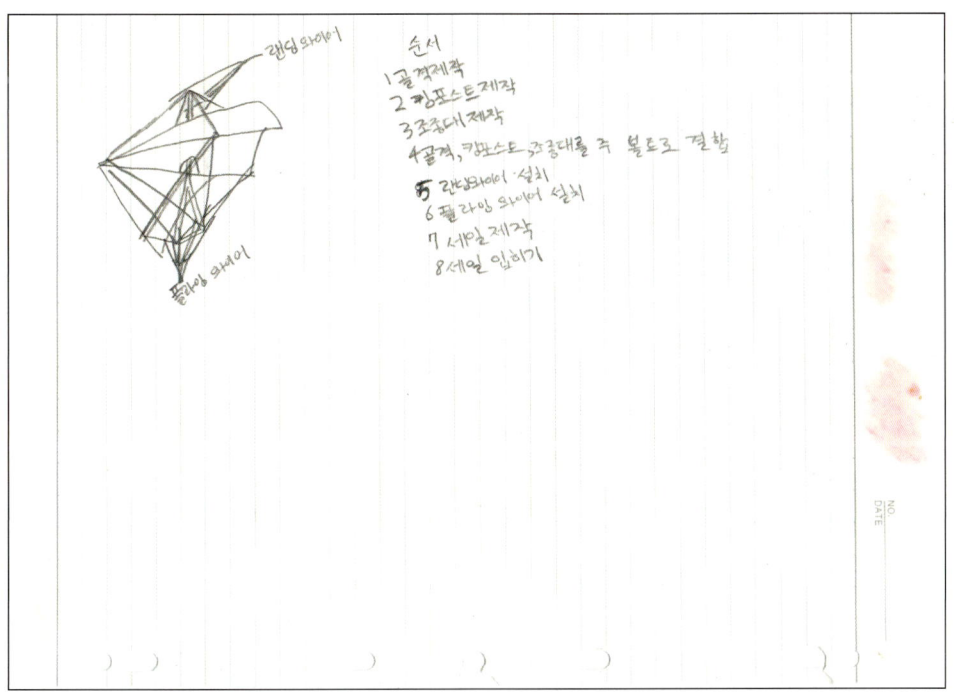

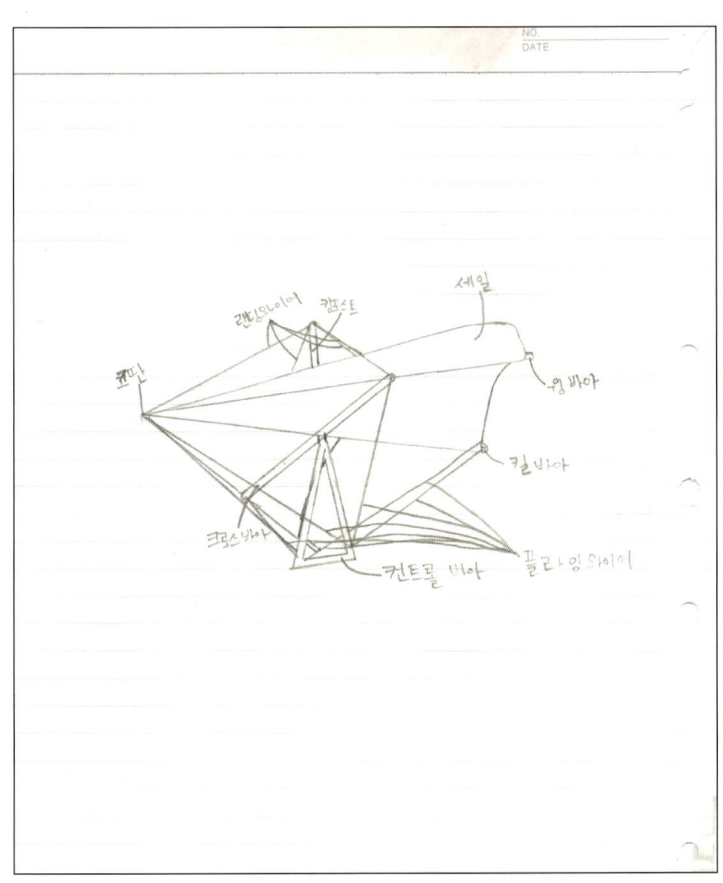

사진자료

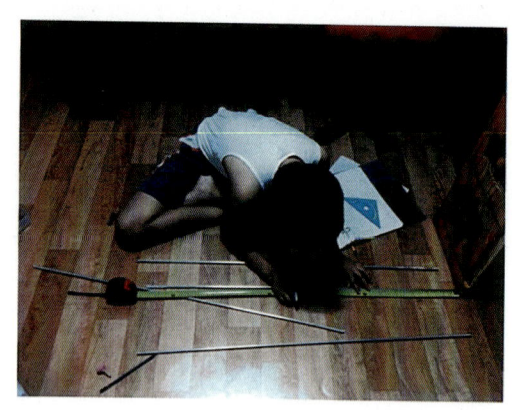

1.) 외파이프로 제어 공사를 하는 중이다.

2.) 알루미늄 파이프 절단기를 파이프를 자르는 중이다.

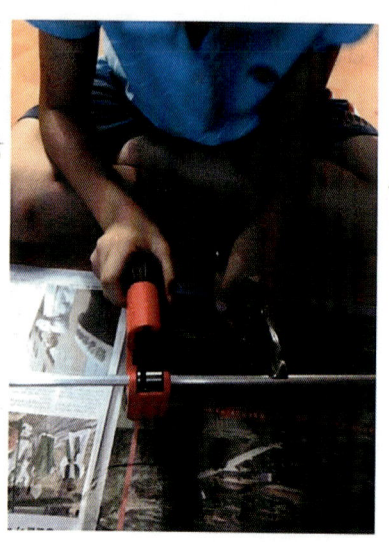 

3.) 자른 부분이 날카로워 끝을 가는 부분이다.

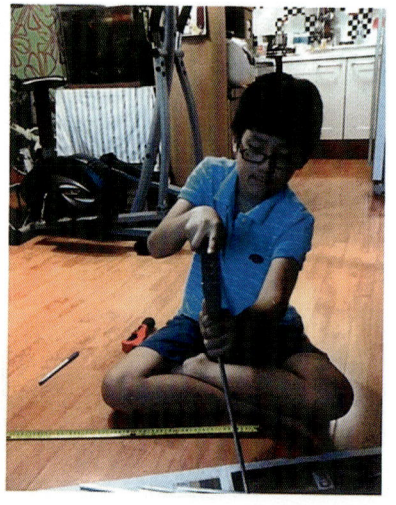

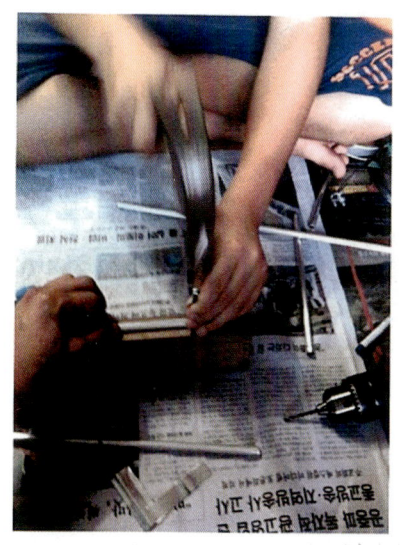

4.) 가로 파이프에 끝 쪽에 구멍을 내기 위해 못으로 쭘 때려주고 있다.

5.) 못으로 때려놓은 곳에 드릴로 구멍을 뚫고 있다.

6.) 핸드그라이더 앞에 파이프를 쏠 인접할 코관을 만들고 있다.

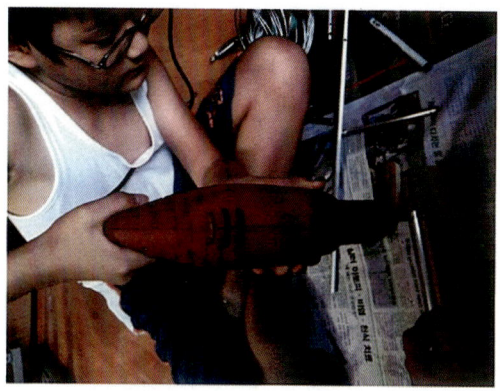

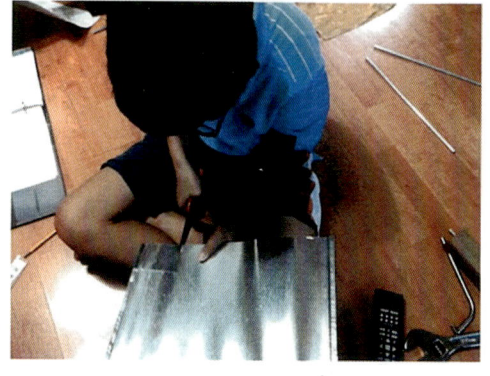

7.) 코관을 완성한 모습이다.

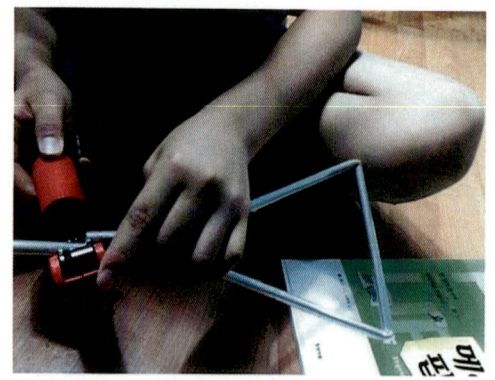

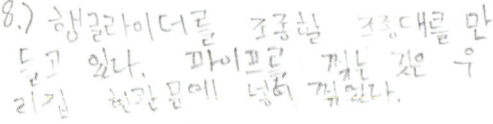

8.) 행글라이더를 조종할 조종대를 만들고 있다. 파이프를 깨는 것은 우리집 현관 문에 넣어 깨었다.

9.) 코깔과 파이프를 연결하였다.

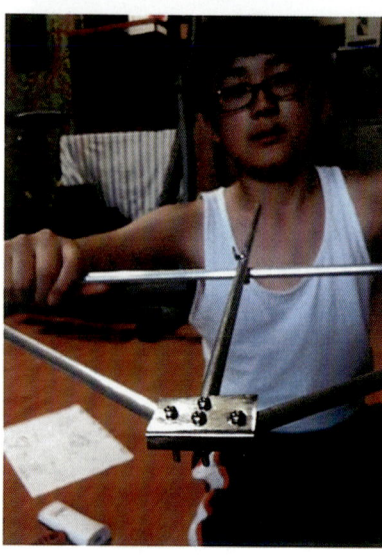

10.) 위에서 본 모습

11.) 새날을 연결하였다.

V-3. 만들고 싶은 것을 스스로 만들기

(초5) 태양광 충전기 만들기

만들고 싶은 이유

태양광 충전기를 만들고 싶은 이유는 밖에서 핸드폰 충전을 하기 위해서다. 그럼 밖에서 핸드폰이 꺼지지도 않고, 친환경적이라 좋을 듯 된다.
또 핸드폰이 꺼지지 않아 연락도 잘 주고 받을 수 있다.

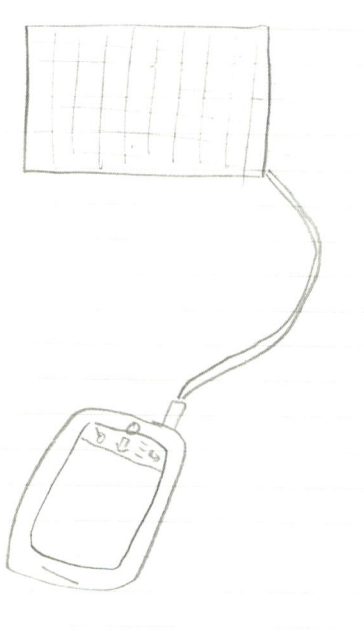

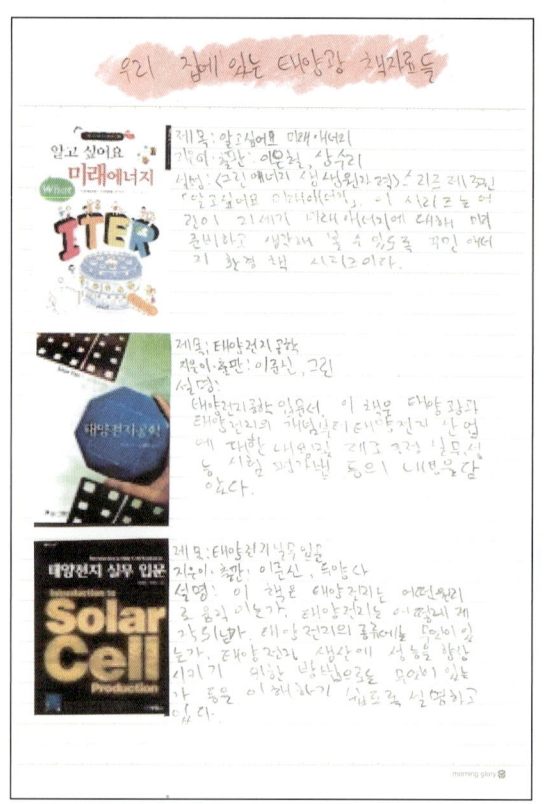

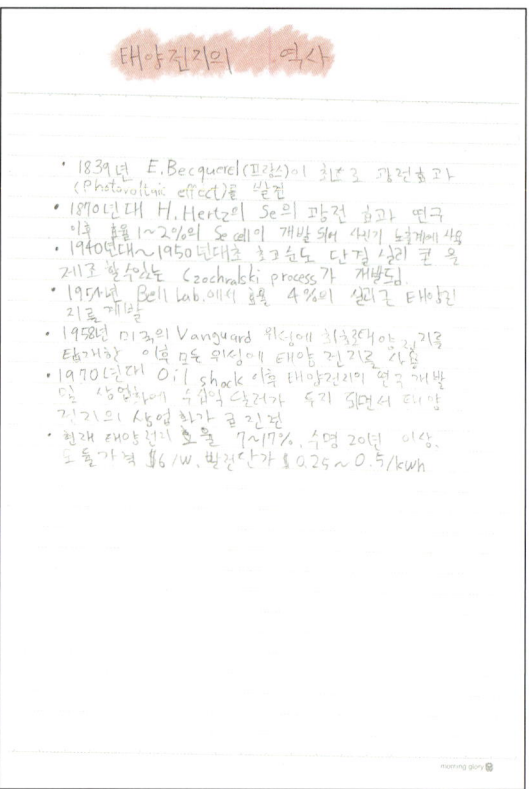

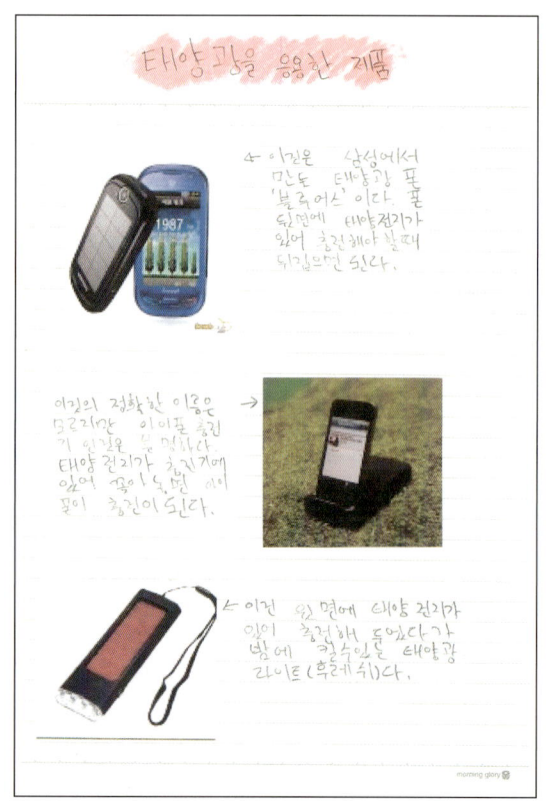

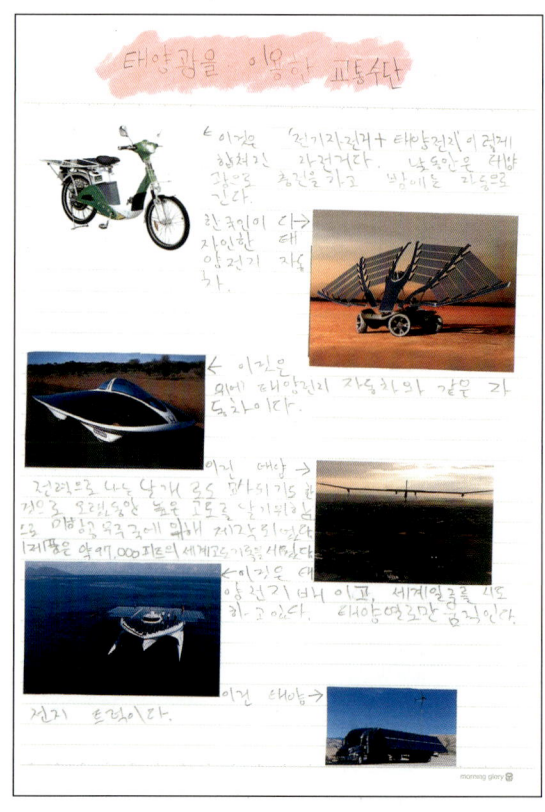

태양광 건물과 마을

태양광 스마트폰 충전기를 최초로 만든 회사

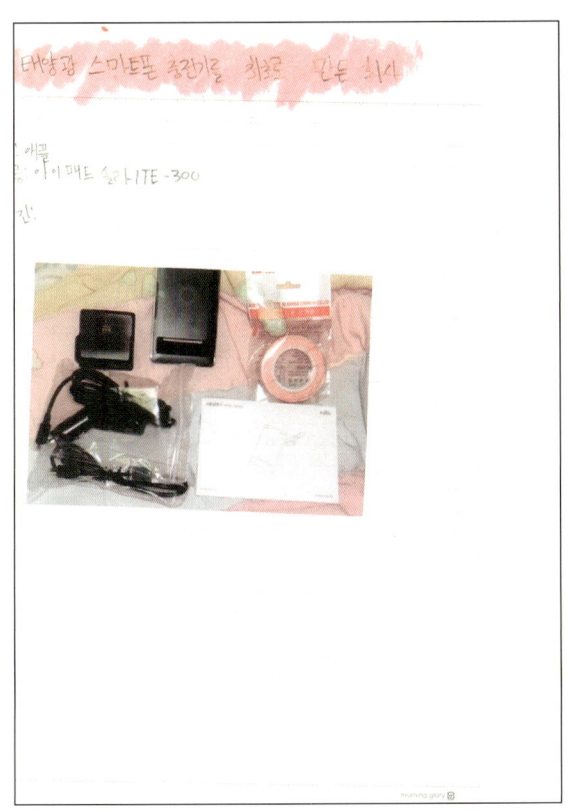

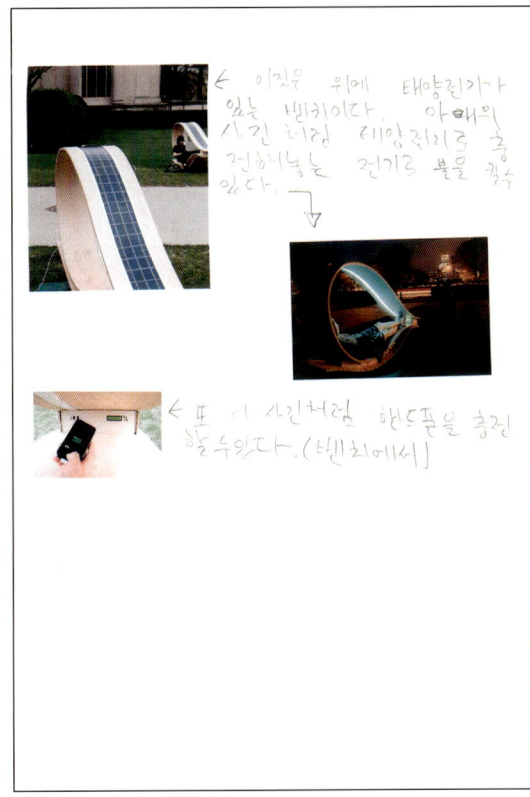

태양광 외의 다른 발전소의 장·단점

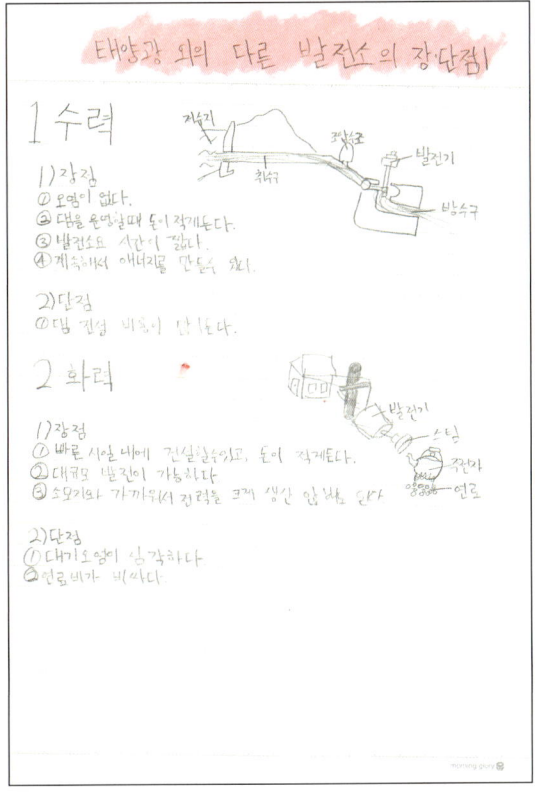

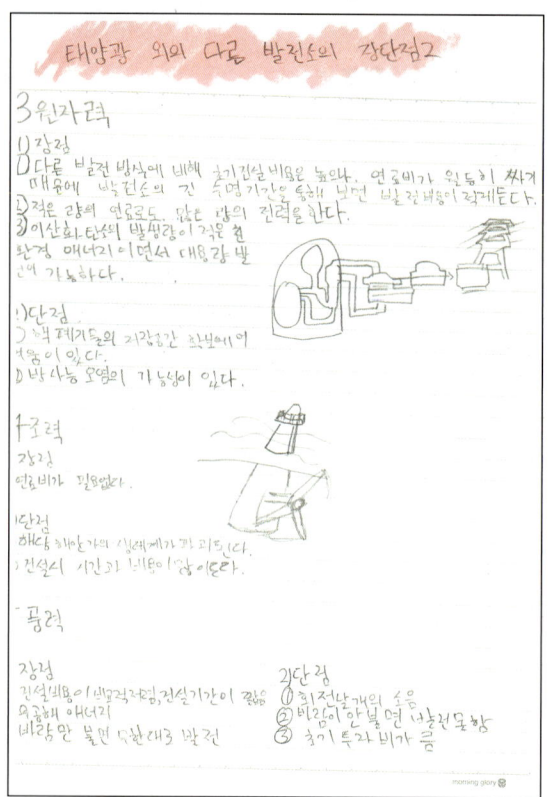
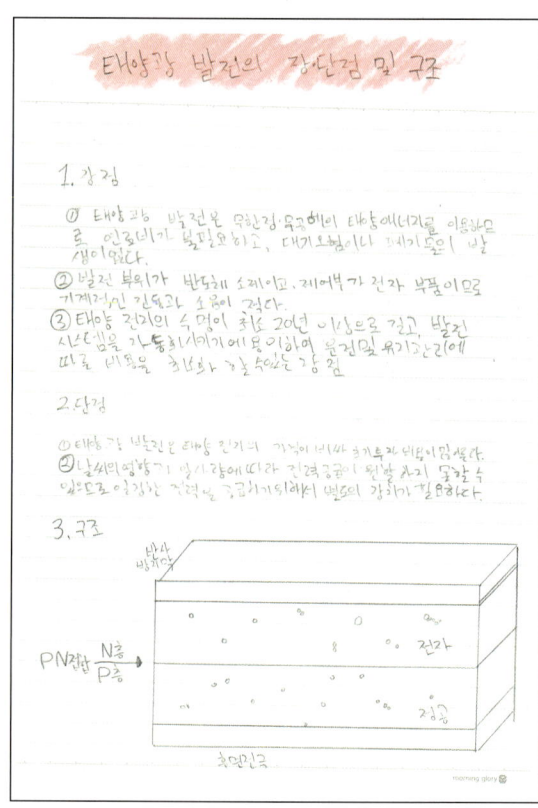
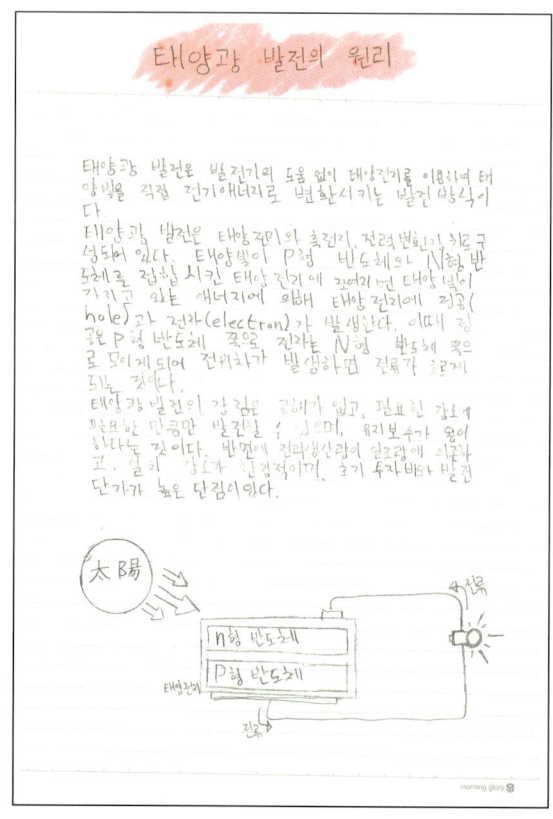
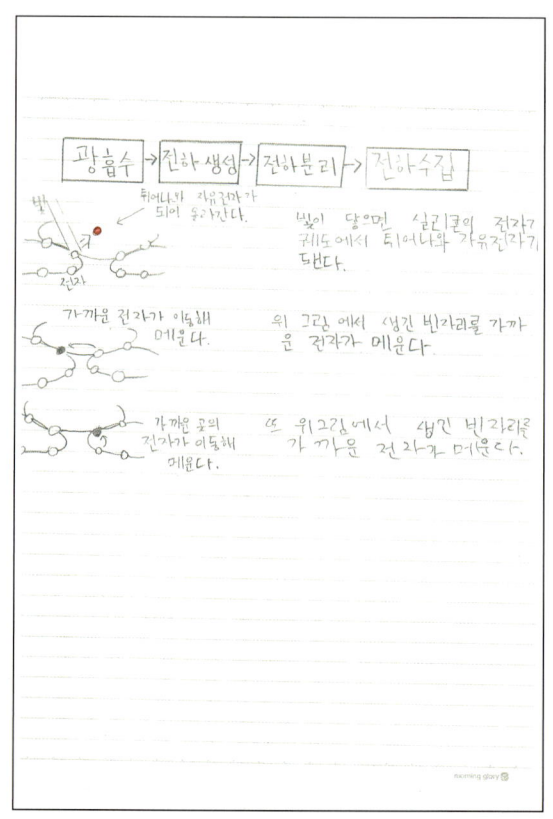

설계도 1

① 태양열판
태양열을 전기로 바꾸어 주는 역할을 한다.

② 역류방지 다이오드
전류가 한쪽방향으로만 흐르고, 반대로 역류하지 않도록 막아주는 부품이다.

③ 충전 배터리
태양열판은 전기를 만든다 하지만 저장을 못해서 흘러나간다. 하지만 배터리가 있으면 흘러나가지 않고 저장이 된다.

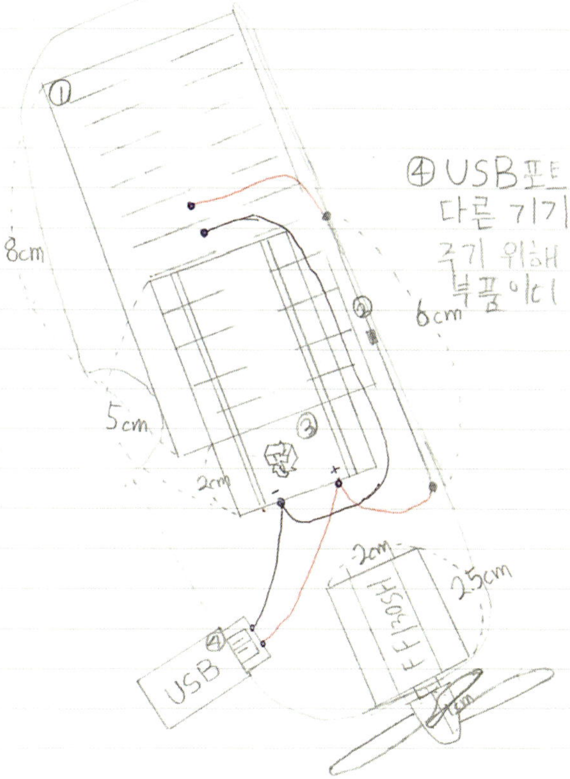

④ USB포트
다른 기기에 전기를 주기 위해 연결하는 부품이다.

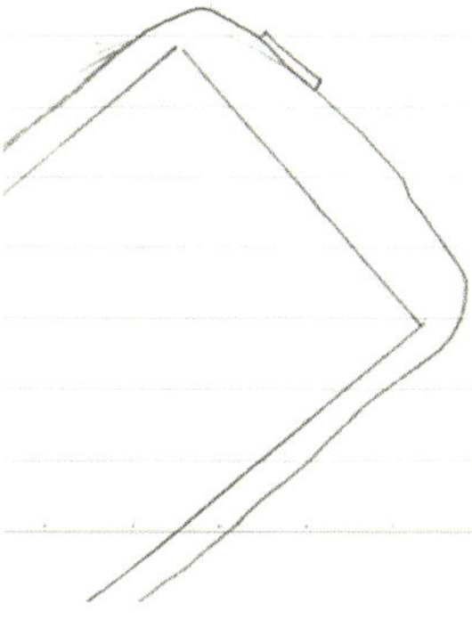

morning glory

설계도

① 태양전지

태양열을 전기로 바꾸어준다.

② 모터

태양전지에서 만들어진 전기를 이용해 돌아간다.

③ USB포트

다른 기기에 전기를 주기위해 연결하는 부품이다.

④ 스위치

전류가 흐르는 것을 조종한다.

⑤ 역류방지다이오드

전류가 한쪽방향으로만 흐르게 반대로 흐르지 않게하는 부품이다.

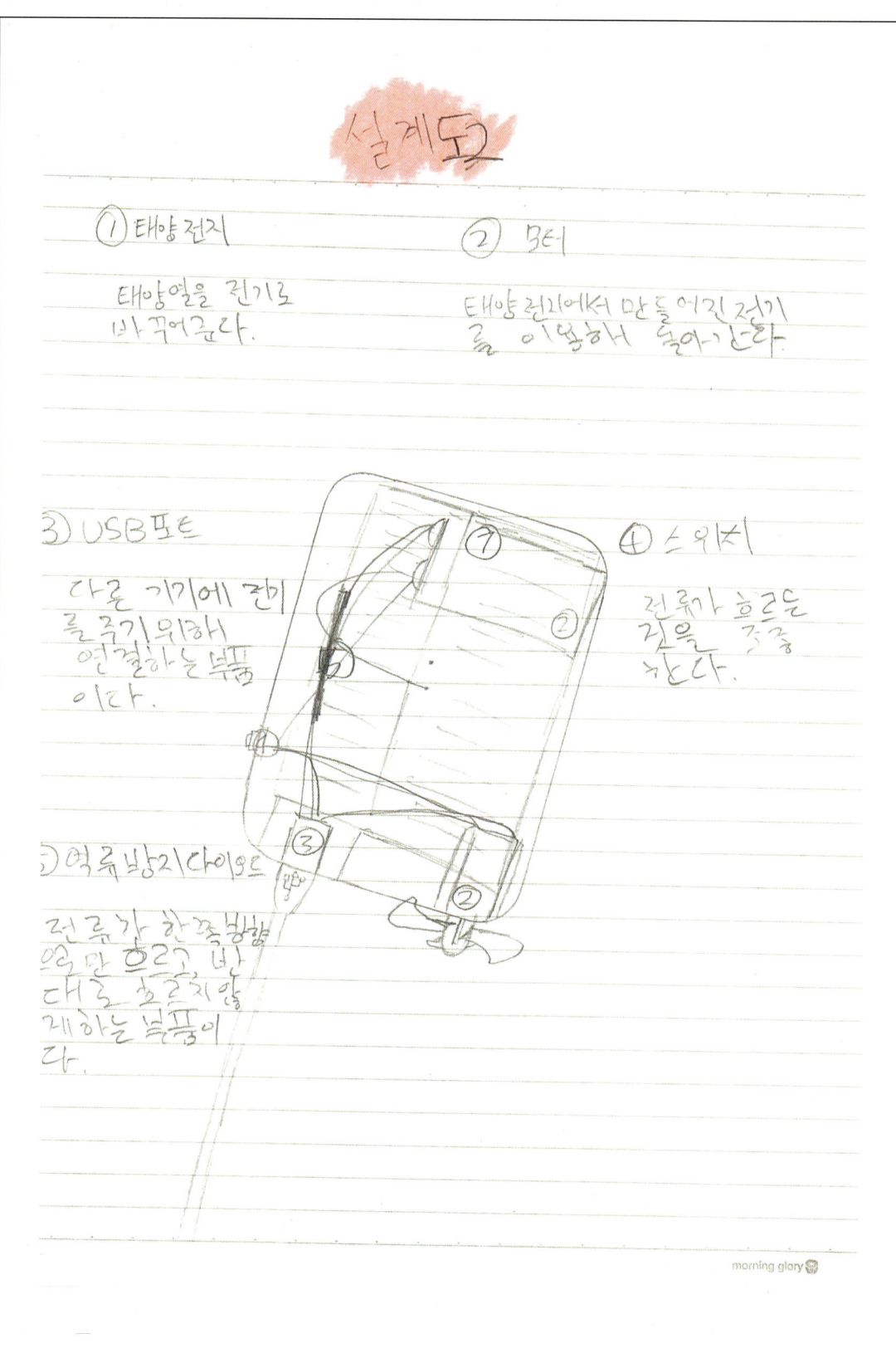

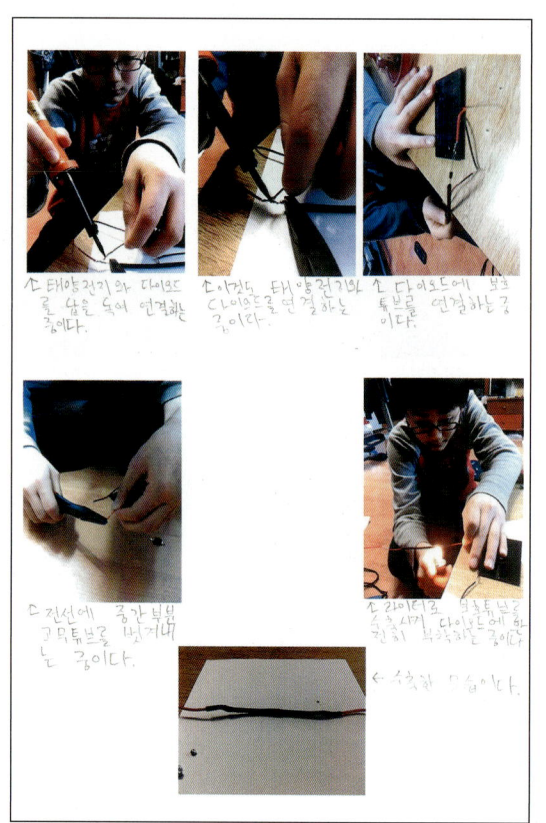
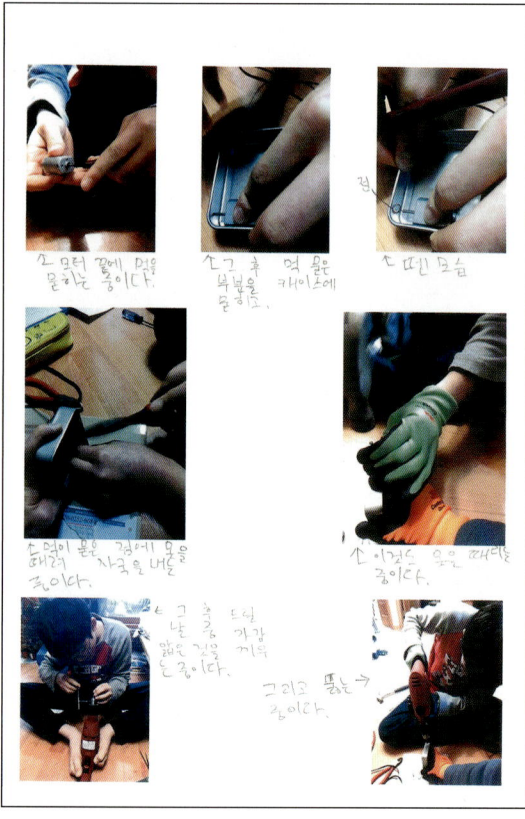
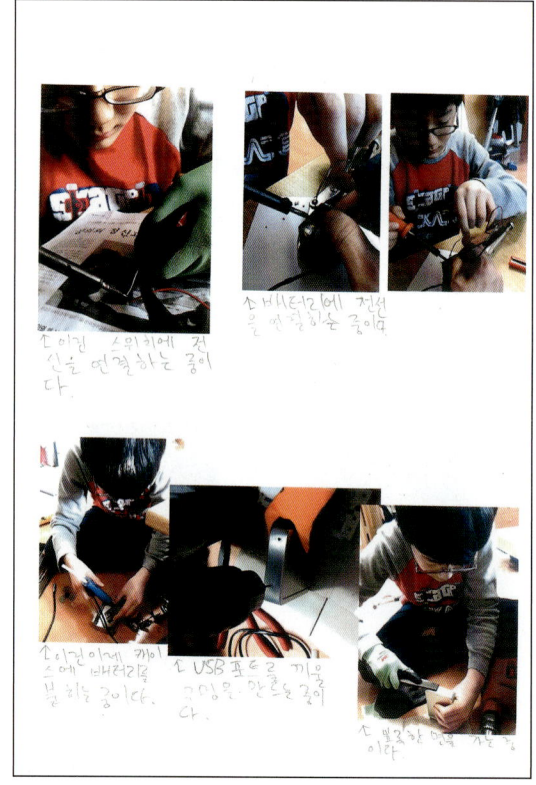
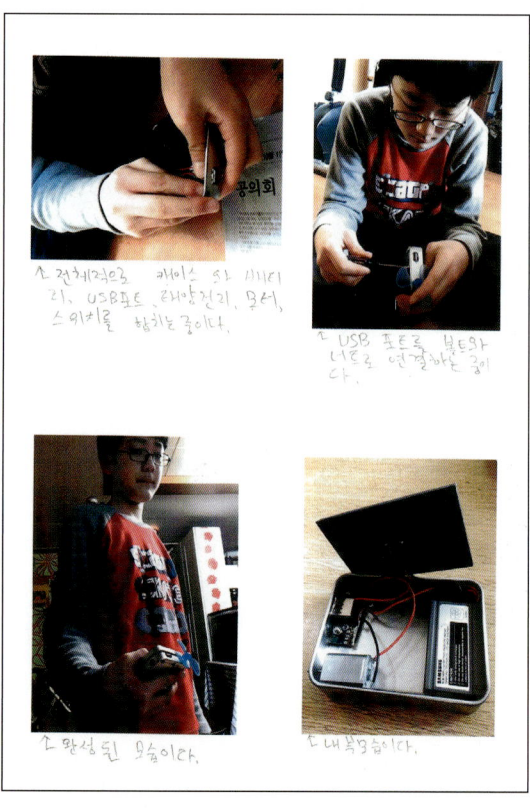

230 초·중·고를 위한 스스로 3D 프린터 만들기

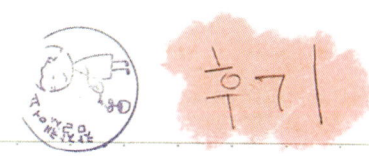

후기

아쉬운점:
1. 힘들게 만들었건 했는데 스위치가 망가져고 나서 작동이 안된것이 좀 아쉽다.

2. 날을 녹여 땜질할때 제대로 못한것이 아쉬웠다.

좋았던점

1. 드릴로 풀때 느낌이 재밌었다.

2. 태양열 공부도 하고 만들어도 봐서 좋았다.

3. 태양에너지을 받아 모터가 움직이는 모습을 처음으로 볼 길이 신기했다.

하고싶은 점

1. 스위치을 새것으로 바꾸어 보고 싶다. 그러면 작동이 될길 같기도 하기 때문이다.

힘들었던 점.

1 설계도를 1에서 2로 바꾼것이 좀 힘들었다.

Ⅴ-3. 만들고 싶은 것을 스스로 만들기

(초6) 날개없는 선풍기 만들기

연구및 탐구 동기

8월 2일에 나는 가족과 교보문고에 갔었다. 그곳 어디쯤 배너에서 읽을만한 책을 찾다가 '**관점을 디자인 하라**' 라는 책을 봤다. 그책은 여러사람들이 생각하는 것이나, 관점이 비슷하여 기발한 생각을 못하는 사람이 많아, 기발한 생각을 잘 하는 방법을 적은 책이다. 그책에서 나는 아주 흥미 있는 내용을 보았다. 그것이 바로 '날 없는 선풍기'다. '날 없는 선풍기'의 등장은 이렇게 시작했다.  스트셀러 코

"아이들이 다치지 않게 하기 위해 덮개를 씌우거나 멈추게 하는데 다른 사람들이 열중할때, 영국 출신의 디자이너 제임스 다이슨(James Dyson)
이 설립한 다이슨에서 특이한 선풍기를 출시했다. 바로 날개 없는 선풍기였다."

그리고 이렇게 끝났고, 이 사진이 아래 그려져 있엇다. 이 글과 사진은 본 나는 신기하고 궁금해 나중에 집으로 돌아와 '날개없는 선풍기'를 연구하고 제작도 해야겠다는 생각을 하게 되었다.

하지만 이 책을 읽어서 그런지 똑같이 만들기는 싫었다. 그래서 변경을 하여 만들것이다.

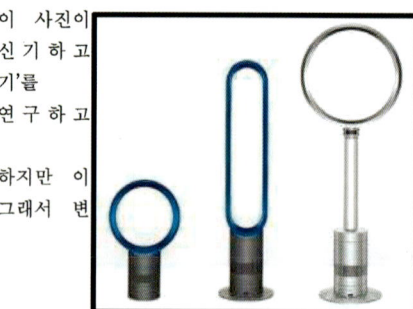

- 2 -

무엇을 개선할까?

- **크기** : 축소를 시켜서 휴대용으로 만든다. (배터리나 태양광 첨부)
- **배터리** : 배터리를 달아 전기를 충전했다가 전기가 없을때 사용한다.
- **냉풍, 온풍겸용** : 냉풍과 온풍이 나오게 만들어 겨울, 여름에 사용할수 있게 한다.
- **친환경** : 태양광 같은 친환경 에너지를 이용해 자연파괴를 줄인다.
- **자전거 부착용** : 자전거 안장 뒤에 있는 짐칸에 선풍기를 달아 땀이날 때 시원하게 해준다.
- **자가 발전식** : 가지고 다니거나(소형으로 만들시), 집에서 전기를 사용하지않고 충전할수 있게한다.

이용한 책

관점을 디자인 하라-없는것인가 못본 것인가
저자 : 박용후
출판 : 프롬북스
발행일 : 2013년 7월 12일
설명 : 사람들의 당연한 관점때문에 못하는 새로운 생각을 하게 해주는 책이다.
이 책에대한 내생각 : 나도 당연한 관점을 갖고 있었던 것 같고 다른사람과 비슷한 생각을 하고있었던것 같다. (이 책을 꼼꼼히 전부 보지는않았지만 이 책에 나오는 내용을 이용했기 때문에 이용한 책에 넣었다.)

날개없는 선풍기 외형및 구조

←기본으로 날개없는 선풍기의 외형은 왼쪽에 3가지다. 바람은 원형이 제일 세고 잘 나온다고 한다. 사람들의 편으로 다양한 모양(예를들어:하트)은 바람이 약하고 그냥 외형만 맘에들어하는사람이 대부분이다.

←이게 날개없는 선풍기의 구조이다. 사진과 같이 모터로 공기를 흡입하고 날개의 틈으로 공기를 내 보내는 것이다. 공기가 나가며 밖의 공기도 나가는 공기와 같이 움직이며 바람의 세기가 15배가 되어 나온다.

날개없는 선풍기 원리 I

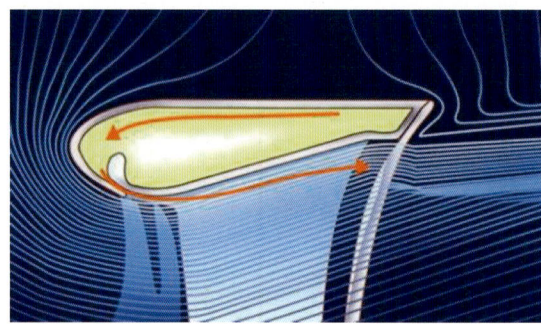

←이것은 날개없는 선풍기의 단면도다. 모터를 이용해 공기(바람)를 끌어올려 저 단면처럼 틈으로 내 보내는 것이다. 단면도처럼 비행기날개랑 비슷한 모양으로 만들어 비행기 날개의 원리를 이용해공기를 선풍기의 틀을 타게하여 보내는 것이다.

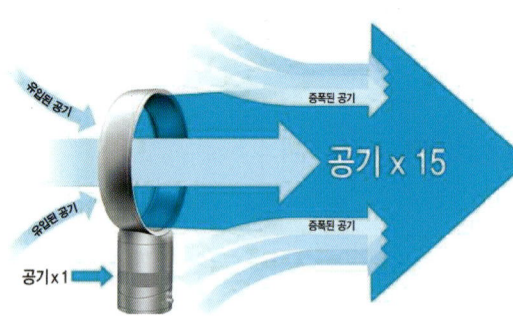

←이 사진과 같이 모터로 공기를 1만큼 빨아들여 1만큼 내 보낸다면 주변 공기가 유입되고, 나오면서 증폭되어 처음 1의 15배인 15가 나온다.

날개없는 선풍기 원리 Ⅱ

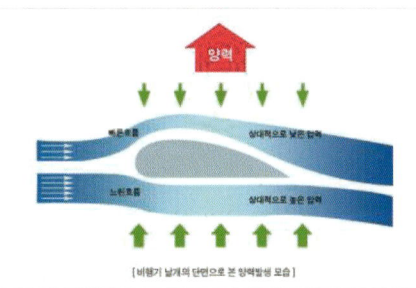

←이사진은 비행기 날개의 원리의 사진 이다. 날개없는 선풍기의 볼 단면이 비행기 날개와 모양이 비슷해 비행기의 원리와 비슷하다고한다. 저 둥근부분에서 공기가 지나갈때 마치 좁은 판을 빠르게 통과하듯 공기가 둥근부분을 타며 빠르게 지나가는데, 공기의 흐름이 빠른 윗쪽은 기압이 낮아지고, 아랫쪽은 기압이 낮아진다. 그러면서 비행기가 뜨는것 인데, 선풍기도

둥근 면에서 공기가 빠르게 나오며 그 주변 공기가 같이 유입되며 일정한 기류가 흐른다. 그리고, 그 기류가 빠르고 강한 바람인 것이다.

제작법

1. 속이 빈 원기둥을 반지름으로 약 3cm의 원으로 하고 높이를 약15cm 18cm 로 한다.

2. 원기둥에서 공기가 들어올 곳에 적당히 구멍을 만들어 준다.

3. 교류모터(어떤 모터든 공기를 빨아들일 수 있으면 됨)에 프로펠러 달아 원기둥의 밑면에 고정 시켜준다.

4. 얇고, 넓은 그릇이나 대야(쇠는 구멍을 뚫기가 힘들다.)밑바닥에 구멍을 뚫어준다.

5. 4에서 뚠 대야나 그릇의 옆에 1의 원기둥 밑면보다 작은 구멍을 뚫거나 작은 구멍 여러 개를 뚫어준다.

6. 원기둥과 그릇(대야인 사람은 대야)을 부착시킨다.

7. 모터에 코드가 있으면 원기둥에 코드구멍을 만들어 빼준다.

8. 작동한다.

부품도

부품 이름	반지름, 높이 길이	개수
대야나, 넓은 그릇	반지름 약 8~20cm	1개
교류모터나 다른 작은 모터	반지름 0.5~1cm, 높이1~2cm	1개
볼트, 너트	약1cm,2cm	많이
드릴	-	1개
인두(납땜이나 쇠를 땜질할 것)	-	1개
납이나, 쇠(땜질할 것)	-	필요할 만큼

제작 사진

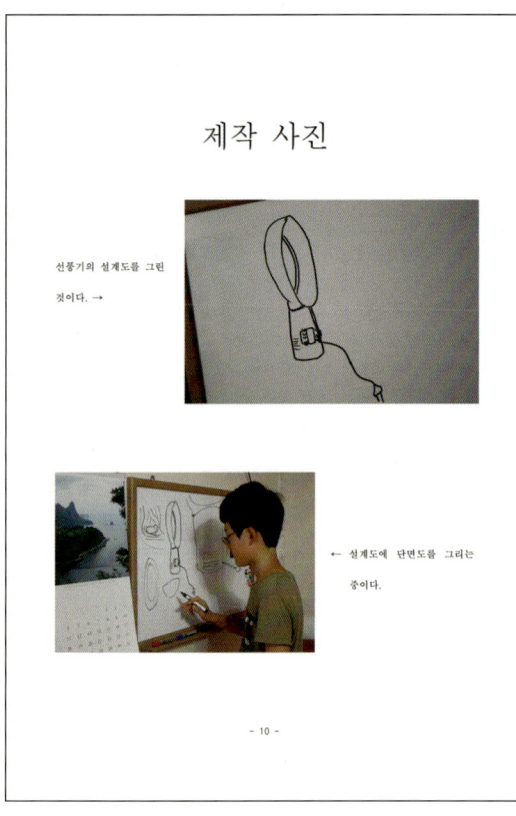

← 선풍기의 설계도를 그린 것이다.

← 설계도에 단면도를 그리는 중이다.

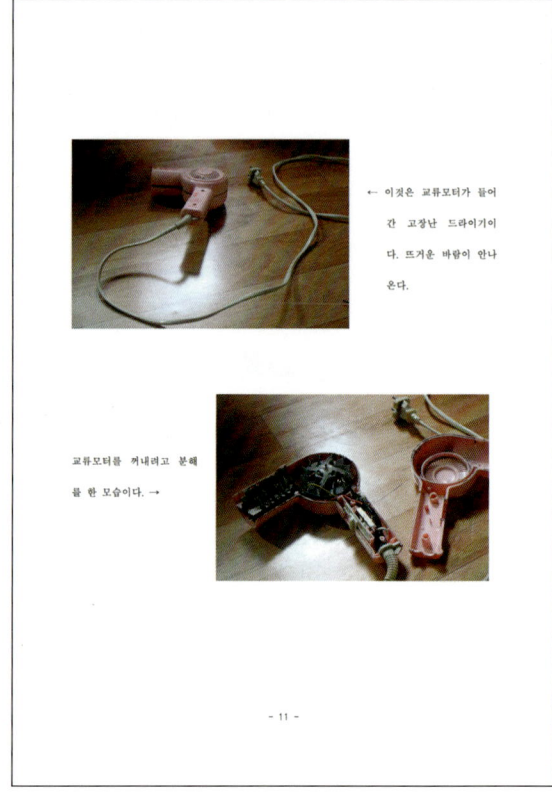

← 이것은 교류모터가 들어 간 고장난 드라이기이 다. 뜨거운 바람이 안나 온다.

← 교류모터를 꺼내려고 분해 를 한 모습이다.

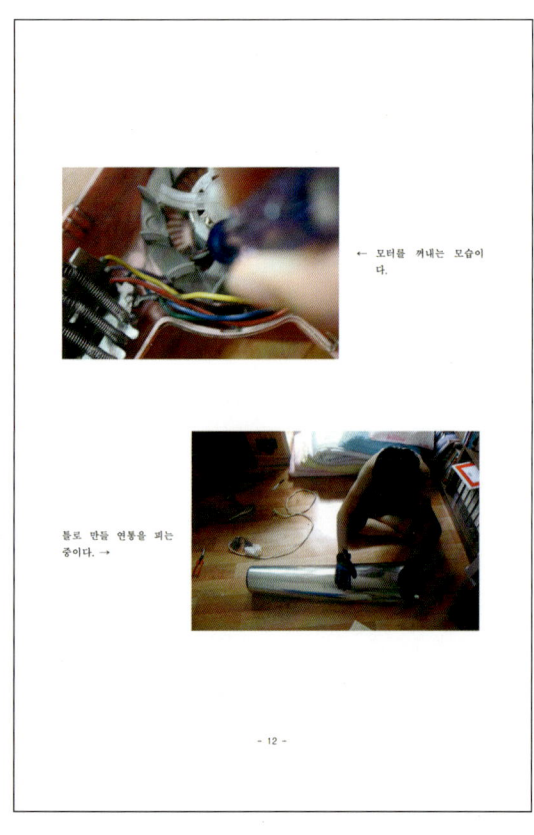

← 모터를 꺼내는 모습이 다.

← 들로 만들 연통을 피는 중이다.

← 연통을 함석가위로 자르는 중이다.

← 1자 드라이버로 각을 잡는 중이다.

← 이렇게 비행기 날개형태로 만들었다.

후기

좋았던 점
연통으로 날개꼴 원통고리를 만드는데 실패 한게 아쉬웠지만
선풍기의 역사, 다이슨 선풍기의 원리,
그 외 선풍기에 공부를 자세히 할수 있어서 좋았다.

아쉬웠던 점
쇠 틀 만드는 것을 실패 해 아쉬웠고,
시간이 부족했던 것도 좀 아쉬웠다.

이 주제를 추천해 주고 싶은 사람과 그 이유
내 동생에게 추천해주고 싶다. 그 이유는 내가 실패한 것을
동생이 성공시키게 하고 싶고, 성취감을 느끼게 도와주고 싶기 때문이다.

END!!

V-3. 만들고 싶은 것을 스스로 만들기

(중) 드론만들기

베이스 보드

아두이노 프로 마이크로

ESP-01 (wifi 모듈)

GY-521
(자이로센서 모듈)

모터 + 지지대 4개
(정방향 2개, 역방향 2개)

날개
(A타입2개, B타입2개)

충전 배터리
(3.7V 600mAh)

부록 | 꿈과 적성을 찾아가는 학창시절

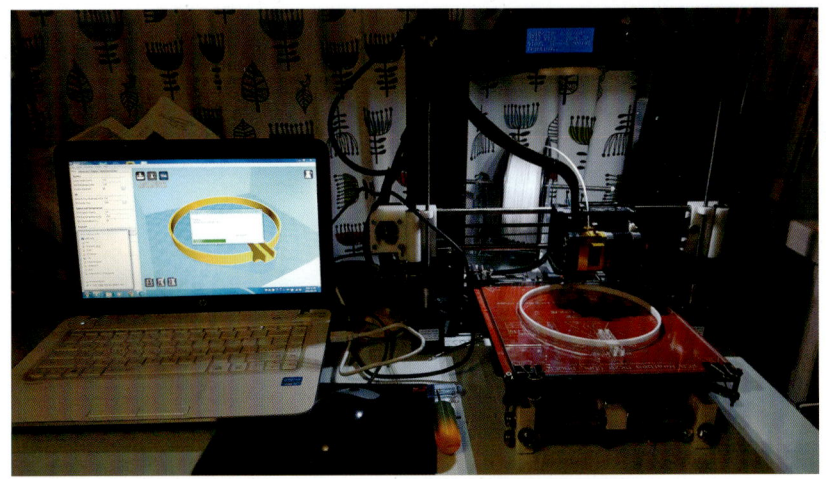

3D 프린터없이는 살 수 없다

V-3. 만들고 싶은 것을 스스로 만들기

(중) 책 쓰기

TV와 인터넷에서 3D 프린터에 관한 내용을 보며 신기하여, 중1 여름방학에 몇 권의 책과 인터넷을 통해 자료를 정리하여 과제로 내었다.

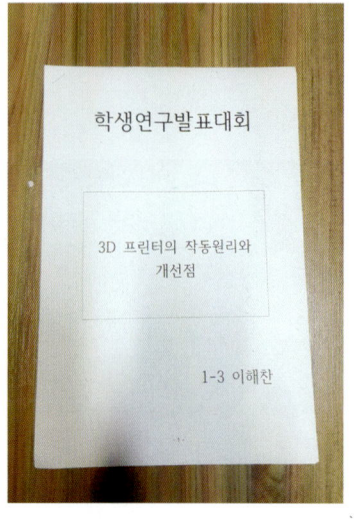 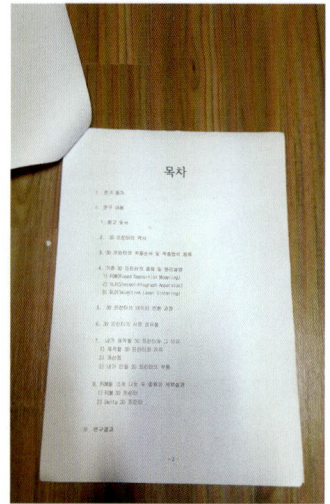 

그리고 중1 겨울방학에 3D 프린터 제작에 관한 교육을 수료하고 부품을 사서 스스로 만들어 보았다.

3D 프린터에 대해 좀 더 자세히 알고 싶어서 세미나도 참석을 하였다.

중2 겨울방학때 킨텍스에서 열린 3D 프린터 전시회에도 참석하여 많은 종류의 3D 프린터를 실제로 만져보고 출력물도 보았다. 거기서 전시회를 하는 업체들에게 물어도 보고 홍보 책자를 모두 받아와서 참고하였다.

초등학교때 만들고 싶은 것을 만들면서 자료를 정리했던 것처럼 3D 프린터를 만드는 과정도 사진을 찍고 전시회, 세미나 등에서 찍은 사진들과 받아온 자료를 참고하여 책으로 편집하기 시작하였다.

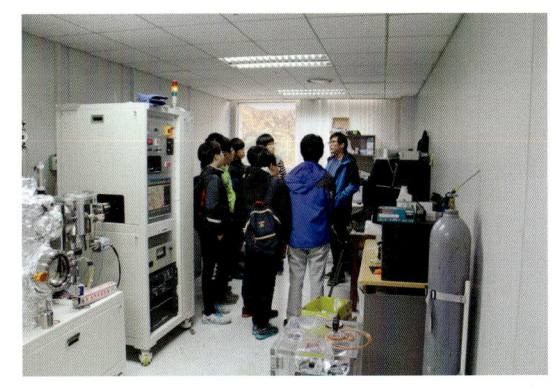

학기 중에는 공부와 시험으로 많은 시간을 투자하지 못했지만 틈틈이 정리해 나갔다. 여러권의 책을 쓰셨던 아빠의 도움을 받아 부족한 부분을 보강하면서 특히 방학때마다 집중적으로 정리를 하여 중3 여름방학에 완성을 하였다.

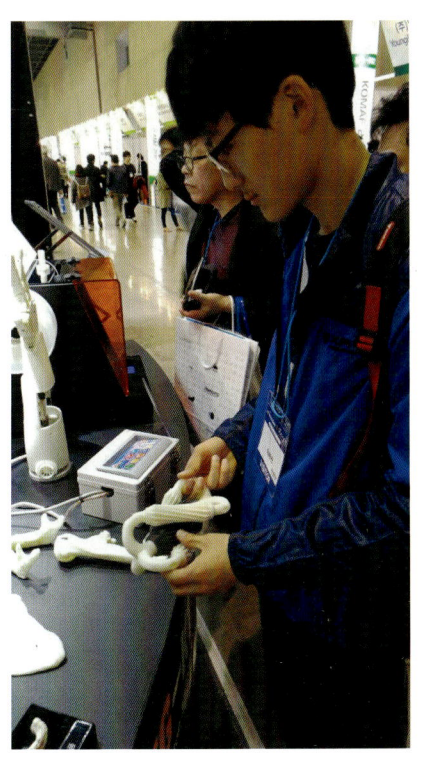

3D 프린터없이는 살 수 없다 241

참고도서

1) 3D 프린터 (초보자를 위한 3D프린터 활용 가이드)

지 은 이: 안창현
출 판 사: 코드미디어
주요내용; 3D프린터의 활용, 제작 등에 대한 자세한 정보들이 있어 도움이 되었다.

2) 3D 프린터의 모든 것

지 은 이: 허제
출 판 사: 동아시아
주요내용: 3D프린터의 역사, 활용 예, 3D프린터를 이용한 창업 등에 대하여 많은 내용이 있다.

3) KAIST 비전 (2014 여름호)

발 행 인: 강성모
출 판 사: KAIST
주요내용: KAIST 대학에 있는 3D 프린터의 종류와 관련 연구 등에 대한 설명이 들어 있다.

4) <논문> 3D 프린터 연관 산업 육성 전략 수립(2014년 1월 3일)
지 은 이: 임수창
고려대학교 기술경영전문대학원 기술경영학과 석사논문
주요내용: 3D 프린터의 종류, 재료의 구분, 활용 산업에 관한 내용 등이 있다.

초·중·고 3D 프린터 연구회

www.facebook.com/ 3D Printer Youngs

연구회는 대한민국 초·중·고 학생들이 3D 프린터에 대한 이해를 높이고, 자발적으로 모여 3D 프린터를 연구하고 개발하는 모임입니다.

■ 초·중·고 학생들이 함께 3D 프린터의 성능 개선, 개발 등에 대한 연구 진행

■ 3D 프린터 관련 세미나, 토론회, 발표회 등 개최

■ 3D 프린터 관련 전문가, 업체 초청 교육 진행

■ 3D 프린터 관련 학생 제품 전시회 개최

■ 초중고를 위한 3D 프린터 교육